INNOVATE YOURSELF!
Wie Sie sich in 7 Schritten beruflich neu erfinden.

Tammo Ganders

INNOVATE YOURSELF!
Wie Sie sich in 7 Schritten beruflich neu erfinden.

TAMMO GANDERS

Copyright © 2012 Tammo Ganders, motivaction, Bonn
All rights reserved.
Printed by CreateSpace
ISBN: 978-3-00-037143-1

Die Umschlaggestaltung enthält Zitate von David Cook, Karen Lamb, No Fear, Tom Stoppard, Mary Oliver, Tammo Ganders, Steve Jobs, Henry David Thoreau sowie weiterer unbekannter Autoren.

Das Werk einschließlich aller seiner Teile ist urheberrechtlich geschützt. Jede Verwertung ist ohne Zustimmung des Autors unzulässig. Das gilt insbesondere für Vervielfältigungen, Übersetzungen, Mikroverfilmungen und die Einspeicherung und Verarbeitung in elektronischen Systemen.

Für alle Menschen, die den Mut haben,
sich aus vollem Herzen für ihre Leidenschaft zu entscheiden.

Tammo Ganders ist seit vielen Jahren international als Unternehmensberater und Geschäftsführer verschiedener Firmen tätig. Er gehört zu den führenden Business-Mentoren im deutschsprachigen Raum und ist ein gefragter Redner und Dozent an Hochschulen und auf Fachkongressen.

Als Gründer und Inhaber von *motivaction* und dem *Zentrum für Innovationsforschung und Business Development (zibd)* berät der erfahrene Business-Mentor heute sowohl Personen als auch Unternehmen bei der Neuorientierung und Entwicklung von Geschäftsideen und Innovationen.

INHALT

WILLKOMMEN BEI »INNOVATE YOURSELF!« 11
   Warum Sie dieses Buch lesen sollten 12
   Erfinden Sie sich neu – die Vorgehensweise 16
   Vom Glück eines selbstbestimmten Lebens 18
   Tipps zur Nutzung dieses Buches 20

SCHRITT 1: WO STEHE ICH HEUTE? 23
   Wie ich wurde, wer ich bin 25
   Meine persönliche Herausforderung 38

SCHRITT 2: WORIN BIN ICH BESONDERS GUT? 41
   Meine Talente und Begabungen 42
   Meine Kernkompetenzen und Fertigkeiten 44
   Meine Stärken und Schwächen 48

SCHRITT 3: WOFÜR KANN ICH MICH BEGEISTERN? 54
   Meine Bedürfnisse und Motive 54
   Meine Interessen und Leidenschaften 62

SCHRITT 4: WAS FÜR EIN TYP BIN ICH? 69
   Wer und wie bin ich? 69
   Meine Werte und Prinzipien 82

SCHRITT 5: WIE SIEHT MEINE ZUKUNFTSVISION AUS? 92
   Meine berufliche Vision 94
   Meine beruflichen Ziele 105

SCHRITT 6: WAS WILL ICH DER WELT BIETEN? 118
   Mein persönliches Angebot 119

SCHRITT 7: WIE GEHE ICH GENAU VOR? 136
   Lösungsansätze entwickeln und priorisieren 136
   Veränderungen berücksichtigen 147

ERFINDEN SIE SICH NEU. JETZT! 149

ONE MORE THING 151

Be passionate! It's sexy.

Willkommen bei »Innovate Yourself!«

»Und es kam der Tag, da das Risiko,
in der Knospe zu verharren,
schmerzlicher wurde als das Risiko, zu blühen.«

Anaïs Nin, französische Schriftstellerin

In Zeiten, in denen fast jeder Dritte die Ausbildung oder das Studium abbricht und über 70 % aller Berufstätigen unzufrieden in ihrem Job sind, werden tagtäglich wertvolle Lebenszeit und Potenziale ungenutzt verschenkt. Seit Jahren sind die Zeitungen voll mit Studien, die diese Bilanz bestätigen – Tendenz steigend:

Das Handelsblatt schreibt im März 2009: »90 % sind mit ihrem Job unzufrieden und fühlen sich in ihrem Beruf nicht wohl.«

Die Welt titelt im Dezember 2010:
»Mehrheit der Deutschen ist mit dem Job unzufrieden.«

Die Süddeutsche Zeitung vermerkt im August 2011: »Frust made in Germany – viele Deutsche haben keinen Spaß mehr an ihrem Job.«

Sie sind also nicht alleine, wenn es Ihnen ähnlich geht. Deshalb hat das Buch, das Sie gerade in den Händen halten, auch nur eine Aufgabe: Es soll Ihr Leben positiv verändern. Vorausgesetzt natürlich, Sie wollen das auch. Möglicherweise hat Sie der Titel »Innovate Yourself!« neugierig gemacht, oder Sie haben das Buch auf Empfehlung eines guten Freundes erworben. Was auch immer dazu beigetragen hat, dass Sie es heute vor sich haben: Konsequent angewendet vermag es Ihnen die nötige Klarheit zu verschaffen, um die beruflichen Jahre, die noch vor Ihnen liegen, von nun an intensiver, zufriedener und erfüllter zu erleben.

Warum Sie dieses Buch lesen sollten

Zu viele Menschen führen ein unerfülltes Leben. Der Beruf als ein wesentlicher Bestandteil des Lebens ist hierbei häufig mit ausschlaggebend dafür, ob ein Mensch glücklich und zufrieden ist oder sich Sorgen um die Zukunft macht, gestresst ist oder gar krank wird. Auch Langeweile und eine gewisse Gleichgültigkeit im Beruf sind häufig die Ursache für Frust im Job. Man hört dies in Äußerungen wie »Naja, es ist ok... man wurschtelt sich halt irgendwie durch, um das nötige Geld zu verdienen«. Sich mit ihrer Situation arrangierend, tritt bei vielen Menschen eine Gewohnheit ein, in der sie ihren Beruf als reines Mittel zur Einkommenssicherung sehen. Sie sind wenig motiviert, erbringen nur eben die Leistung, die erforderlich ist, um ihre Stellung zu sichern, und stehen den meisten beruflichen Situationen mit einer relativen Gleichgültigkeit gegenüber. Montagmorgens schleppen sie sich zur Arbeit und wissen »Es ist ok« – aber eben auch nicht mehr. Und schwupp ist man 40, 50, 60 Jahre alt, kurz vor der Rente und fragt sich: War es das nun? Hätte das nicht etwas mehr sein können?

Wenn Sie davon ausgehen, dass wir nur einmal leben und jedes Jahr gefühlt schneller vergeht als das vorherige, sollten wir es dann nicht intensiver nutzen? Sollten uns nicht die vielen Stunden, die wir arbeiten, Freude und Erfüllung bereiten statt Langeweile, Frust, Sorge oder Stress?

Es gibt eine Reihe von Coaches, die sich insbesondere dem Thema Stressbekämpfung unter dem Namen Work-Life-Balance widmen. Sie versprechen, durch die richtige Methode ein gutes Gleichgewicht und damit mehr Erfolg oder Zufriedenheit im Berufsleben erzielen zu können. Aber diese Ansicht impliziert, dass es einerseits »das Leben« und andererseits »die Arbeit« gibt, die man nur austarieren müsse, um glücklicher zu werden.

Dies ist aus meiner Sicht nicht nur bereits vom Grundsatz her falsch, sondern auch eine sehr traurige Sicht der Dinge. Die eigene Arbeit sollte ein erfüllender und integrativer Bestandteil des Lebens sein und nicht mit dem Privatleben ein auszutarierendes Gegensatzpaar bilden. Diejenigen Menschen hingegen, die ihre Berufung gefunden haben, trennen Arbeit und Freizeit inhaltlich nicht voneinander, weil ihre berufliche Tätigkeit ihren Freizeitinteressen entspricht. Sie gehen ihren eigenen Zielen und Wünschen nach und verfolgen diese rund um die Uhr – bewusst oder unbewusst. Sie tun dies mit Leidenschaft und intrinsischer, also aus ihnen selbst kommender Motivation. Sie freuen sich auf das, was sie tun, und über jeden kleinen Erfolg, den sie erreichen.

Wenn man allerdings einer Arbeit nachgeht, die einen nicht erfüllt, nicht motiviert und die einem keine Freude bereitet, dann nützt es nichts, diese Arbeit nur besser zu managen. Wir sollten uns also nicht länger mit Fragen beschäftigen, wie man mit einer nicht zufriedenstellenden Situation besser zurechtkommen könnte. Stattdessen ist es viel wirkungsvoller, danach zu fragen, wie eine ideale Situation aussähe und wie wir die erreichen könnten. Das ist umso wichtiger, als es kaum einen Tätigkeitsbereich in unserem Leben gibt, mit dem wir mehr Zeit verbringen als mit unserem Beruf.

Wenn Sie also unzufrieden, unglücklich oder unerfüllt in Ihrem Job sind, dann gilt dies automatisch auch für einen großen Teil Ihres Lebens. Aber das kann wohl kaum einer von uns ernsthaft wollen. Trotzdem vergessen wir manchmal, wie wichtig und gut es für uns ist, darauf zu achten, dass wir einer Arbeit nachgehen, die uns Spaß macht, in der wir uns entfalten und wachsen können und die uns damit inhaltliche wie finanzielle Erfolge beschert. Aber wie viele Studien zeigen, geht es der großen Mehrheit von uns eben nicht so. Es scheint, als hätten nur wenige Menschen sich ganz bewusst und aus voller innerer Überzeugung für eine bestimmte Richtung entschieden. Stattdessen war es bei vielen häufig einfach Zufall. Auch äußere Faktoren wie Empfehlungen von Eltern, Lehrern etc. oder die Arbeitsmarktsituation haben den Ausschlag gegeben. So verweilen viele dann, die eine oder andere Chance nutzend, in einer Karrierelaufbahn, die möglicherweise gar nicht wirklich zu ihnen passt. Sie sind gelangweilt oder gestresst, nicht gefordert oder überfordert, nicht erfüllt oder nicht interessiert. Mit zunehmenden privaten Verpflichtungen und unklaren wirtschaftlichen Aussichten steigt zudem gleichzeitig auch noch das persönliche Sicherheitsbedürfnis, das sogleich interveniert, wenn wir über eine Veränderung oder Neuorientierung nachdenken. So unterdrücken wir häufig direkt unsere innere Stimme, ersticken jegliche Veränderung im Keim und fahren in unserem Alltagstrott fort. Und plötzlich stehen wir kurz vor dem Ruhestand. Wichtig ist: Auch dann ist es noch nicht zu spät. Aber Sie haben sicherlich mehr vom Leben, wenn Sie bereits eher damit anfangen, Ihrer Berufung nachzugehen.

Bedenken Sie zudem auch, dass Ihr Sicherheitsbedürfnis Sie eigentlich zu täuschen versucht, indem es Ihnen eine Scheinsicherheit vorgaukelt. Oder warum sollten Sie in einem Job sicher sein, in dem Sie aufgrund von Desinteresse, Demotivation oder Stress nur das gerade Erforderliche leisten? Vergleichen Sie dies einmal mit einer Neuorientierung hin zu einer Tätigkeit, die Sie erfüllt, Ihnen Freude bereitet, für die Sie brennen und in der Sie Bestleistungen erbringen. Wenn Sie Letztere für sich gefunden haben, dann ist Ihr Erfolg vorprogrammiert. Verweilen Sie allerdings in Ersterer, so sind Sie einer von vielen – und damit austauschbar. Ihr Job ist also nur halb so sicher, wie Sie möglicherweise gedacht haben. Vermutlich ist auch das der Grund, warum bei vielen der Schritt zur Neuorientierung erst mit einem Verlust des Arbeitsplatzes, einer unerwarteten Krankheit oder einem Schicksalsschlag einhergeht. Manchmal bedarf es eben eines Anstoßes oder eines Drucks von außen, damit wir aufwachen und merken, was wirklich wichtig und richtig ist. Nichtsdestotrotz wünsche ich Ihnen natürlich die Kraft und den Mut, nicht auf einen solchen Anstoß zu warten, sondern lieber dieses Buch als einen solchen zu verstehen.

Sie haben genau ein Leben – und das ist nicht so schrecklich lang. Nutzen Sie es! Folgen Sie dem Ratschlag von Karen Lamb, die es mit ihrem Zitat auf den Punkt gebracht hat:

»A year from now, you may wish you had started today.«

Der Lohn für Ihre Mühe ist klar: ein selbstbestimmtes, erfüllendes, glückliches, intensives, spannendes und abwechslungsreiches Berufsleben. Mit diesem Buch verfolge ich somit zwei Ziele:

1) Ich möchte mehr Menschen die Augen für ihre persönlichen Sehnsüchte, Wünsche und Stärken öffnen und ihnen Mut, Kraft und Orientierung geben, ihr Berufsleben selbst neu und erfolgreich auszurichten.

2) Ich möchte mehr Menschen zu einem glücklichen, erfüllten, selbstbestimmten und zufriedenen Leben verhelfen – so früh wie möglich, so schnell wie möglich, so gut wie möglich.

Und genau das wünsche ich Ihnen auch!

Erfinden Sie sich neu – die Vorgehensweise

Mit meinem »Innovate Yourself!«-Programm möchte ich Sie bei der Erreichung der zuvor genannten Ziele begleiten. Wie das geht, werde ich Ihnen in diesem Arbeitsbuch zeigen. Egal, in welcher Phase unseres Lebens wir uns befinden, wir werden immer wieder vor schwierigen beruflichen oder vorberuflichen Entscheidungen stehen und im Unklaren sein, welche Richtung jetzt die beste sei. Zumindest so lange, wie es uns noch an Klarheit und Orientierung fehlt. Es ist also entscheidend, genau zu wissen, was uns wirklich wichtig ist, was uns liegt und woran wir Spaß haben, sprich: wo unser eigentliches Potenzial, unsere Stärken und unsere Interessen liegen. Und mit meiner Schritt-für-Schritt-Anleitung finden Sie Antworten auf die hierfür erforderlichen zentralen Fragen: Was will ich eigentlich mit meinem Leben anfangen? Ist das, was ich beruflich mache, das Richtige für mich? Erfüllt mich das, was ich tue? Ist das Leben, das ich führe, das, was ich vom Leben erwarte? Was ist das Richtige für mich? Welche Tätigkeit macht mich glücklich? Usw.

Mit diesem Buch werden Sie neue Optionen und Perspektiven erhalten, wie Sie mit Ihrer persönlichen Situation am besten umgehen. Lassen Sie sich systematisch heranführen, und erarbeiten Sie sich Schritt für Schritt die Fähigkeit, die richtigen Entscheidungen zu treffen und zu wissen, welchen Beruf Sie ausüben sollten, um mehr Lebenserfüllung, Freiheit, Selbstbestimmung, Zufriedenheit und Glück zu erfahren – erfolgreich innerhalb der von Ihnen gesetzten Rahmenbedingungen.

Mein Verfahren und die Methoden, die ich ausgewählt und entwickelt habe, zielen hierbei darauf ab, Ihren Horizont in Bezug auf sich selbst zu erweitern. Die Methoden in diesem Buch ermöglichen Ihnen einen individuellen, detaillierten Blick auf Ihre berufliche Situation. Aber nicht nur aus Ihrer, sondern bewusst aus verschiedenen Perspektiven, damit Sie Ihre natürlichen Potenziale auf einer ganzheitlichen Ebene herausfinden – dem zentralen Baustein für eine zukünftige berufliche Ausrichtung, die zu Ihnen passt. Das eröffnet Ihnen neue Sichtweisen auf Ihre eigenen Wünsche, Fähigkeiten, Werte und Ziele, für die man selbst häufig blind ist. Seien Sie offen und bereit, viel über sich selbst zu erfahren – es wird Sie überraschen, stärken, erfreuen, anspornen und nachhaltig verändern.

Gegenüber den vielen anderen Beratungen, die vielleicht Ähnliches über psychologische Tests oder monatelanges Coaching zu erreichen versuchen, arbeite ich in meinen Workshops und Programmen mit einem individuellen, erfolgserprobten Tiefeninterview mit Ergebnisgarantie. Dies umfasst zum einen eine speziell entwickelte, interaktive 360-Grad-Analyse, basierend auf über 300 Fragen zu Ihrer Persönlichkeit und allen berufsrelevanten Lebensbereichen und -situationen. Des Weiteren integriere ich sowohl bewährte als auch innovative Methoden – u. a. aus dem Umfeld des Systemischen Coachings, der NLP- und der Abstraktions-Techniken, Persönlichkeitsanalysen sowie Werte-, Visions- und Zielanalysen. Mit dieser individuell ausgewählten Kombination erreichen wir in kurzer Zeit eine intensive und fundierte Situationsbetrachtung, die eine klare Empfehlung für eine geeignete (Neu-)Orientierung ermöglicht. In diesem Arbeitsbuch habe ich meine Methode so aufbereitet, dass Sie diese auch alleine für sich anwenden können.

Vom Glück eines selbstbestimmten Lebens

Verschiedene Studien belegen, dass Glück nicht vom persönlichen Vermögen abhängt. Ca. 10 % der Bevölkerung geben an, glücklich zu sein, jedoch vollkommen unabhängig von ihrer Herkunft, ihrer gesellschaftlichen Schicht, ihrem Alter, ihrer Berufsgruppe oder ihrer Konstitution. So fand der amerikanische Wirtschaftspsychologe Daniel Kahnemann heraus, dass sich auch reiche Menschen nicht öfter angenehmen Dingen widmen als weniger wohlhabende. Auch der Lottogewinner ist demnach nicht glücklicher als ein gelähmtes Unfallopfer. Nach kurzer Zeit fällt jeder wieder zurück in seine alte Rolle. Optimisten bleiben positiver gestimmt, Pessimisten klagen wieder.

Wenn man also auf der Suche nach dem Schlüssel für ein glückliches Leben ist, dann ist eine wichtige Erkenntnis die, dass das Glück nicht vom Himmel fällt, sondern in jedem von uns selbst liegt. Aber stattdessen suchen viele von uns ihr Glück immer noch im Konsum von Dingen, die uns nur kurzzeitig Befriedigung verschaffen. Wir geben Unsummen für modische Kleidung, Technik oder anderes unnützes Zeug aus, aber bei dem, was unser Lebensglück bestimmt, da scheinen wir zu sparen. Aber was genau bestimmt unser Lebensglück? Seit der Schule verbringen wir fast unser ganzes Leben damit, uns in den verschiedensten mehr oder weniger nützlichen Themen fortzubilden und uns mehr und mehr Wissen anzueignen. Aber die Frage nach dem, was wir über uns selber wissen, scheint kaum Beachtung zu finden. Warum handeln wir so, wie wir handeln? Warum glauben wir, was wir glauben? Was brauchen wir, um erfolgreich und zufrieden im Leben zu sein?

Ich bin davon überzeugt, dass die beste und wichtigste Fortbildung eines Menschen in der Ausbildung seiner Selbstkenntnis liegt. Wer, wenn nicht Sie selbst, weiß, was gut für Sie ist. Wer, wenn nicht Sie selbst, kennt Ihre Wünsche und Träume? Wer, wenn nicht Sie selbst, sollte über Ihr Leben, Ihren Beruf, Ihr

Umfeld bestimmen? So sieht es auch der bekannte Autor und Motivationstrainer Jim Rohn, der es wie folgt formuliert:

> *»Formal education will make you a living.*
> *Self education will make you a fortune.«*

Wir sollten uns also zum Ziel setzen, wieder mehr uns selbst kennen zu lernen, um unser persönliches Glück zu finden. Nur dann können wir das hohe Gut eines selbstbestimmten Lebens, in dem wir darüber entscheiden, was wir tun und lassen, erreichen. Somit liegt unser Glück in der Selbstkenntnis und dem daraus abgeleiteten Handeln.

Erfahren Sie in diesem Buch systematisch und Übung für Übung mehr über sich selbst. Erkennen Sie, was Ihnen wichtig ist, was Ihre Träume, Potenziale und Stärken sind. Finden Sie heraus, was Sie brauchen, um ein zufriedenes, Sie erfüllendes Leben zu führen, was Ihre »Berufung« ist und was Sie wirklich im Leben antreibt. Fangen Sie heute an. Erfinden Sie sich neu:

1) Reservieren Sie sich für die nächsten Wochen regelmäßig Zeit für sich selbst.

2) Nehmen Sie sich dieses Buch wie einen Projektplan zur Hand, und arbeiten Sie die sieben Schritte nacheinander durch.

3) Seien Sie beim Beantworten der Fragen sowie während der Anwendung der Methoden ganz offen und ehrlich zu sich selbst.

4) Hinterfragen Sie Ihre Antworten immer wieder, und holen Sie sich, wo es vermerkt ist, Feedback von Ihrer Familie, Ihren Freunden, Bekannten oder Kollegen ein.

5) Warten Sie nicht länger. Beginnen Sie jetzt!

Ich wünsche Ihnen viel Erfolg mit Ihrem neuen Projekt »Innovate Yourself« – Ihrem Weg in eine erfüllte, zufriedene und glückliche Zukunft.

Tipps zur Nutzung dieses Buches

In der Darstellung auf der nächsten Seite sehen Sie eine Übersicht mit sieben Schritten, die Sie in diesem Buch absolvieren werden. Um sich eine erfolgreiche Neuorientierung zu erarbeiten, ist es erforderlich, dass Sie jeden Folgeschritt erst nach Abschluss des vorherigen Schrittes tun. Ich empfehle Ihnen somit, alle Kapitel der Reihenfolge nach durchzuarbeiten.

Jeder Schritt enthält einzelne Übungen. Für jede Übung erfahren Sie, welches ihr Ziel ist, was bei der Durchführung zu beachten ist und wie Sie im Einzelnen vorgehen sollten.

Wenn sich Ihnen der Sinn oder die Notwendigkeit einer Übung einmal nicht direkt erschließt oder Sie das Gefühl haben, eine Frage doch bereits schon einmal beantwortet zu haben, so machen Sie sich bitte davon frei, und beantworten Sie die Übung trotzdem ehrlich und vollständig. Alle Fragen und Methoden wurden sorgfältig auf Basis meiner langjährigen Erfahrung ausgewählt und kombiniert. Da mit Ihnen während der Bearbeitung ein Veränderungsprozess mit neuen Erkenntnissen einsetzen wird, sind alle gewählten Fragekombinationen gewollt und Teil des Veränderungsprogramms.

Haben Sie zudem Geduld bei der Beantwortung. Nehmen Sie sich Zeit. Geben Sie nicht auf, sollte Ihnen eine Frage schwierig vorkommen oder sollten Sie vielleicht einmal keine Lust haben. Nicht alle Fragen in diesem Buch werden Ihnen Spaß machen. Manche werden vielleicht sogar als unangenehm empfunden, weil sie nicht nur positive Gefühle auslösen. Bearbeiten Sie diese trotzdem, denn es wird Ihnen helfen, sich aus Ihrem Status Quo zu befreien und Ihren Horizont für neue Sichtweisen zu öffnen. Sollte Ihnen die Beantwortung – aus welchem Grund auch immer – einmal schwerfallen, dann verschieben Sie die Bearbeitung lieber auf einen anderen Tag, wenn Sie den Kopf wieder frei haben.

Ihr »Innovate Yourself«-Projekt:
Wie Sie sich in 7 Schritten beruflich neu erfinden

① Wo stehe ich heute?

Situationsanalyse
Im ersten Schritt geht es um Ihre aktuelle Situation: Wie ist sie entstanden? Was macht mich unzufrieden? Warum will ich mich verändern? Was erhoffe ich mir davon? Was habe ich bereits versucht?

② Worin bin ich besonders gut?

Bestandsaufnahme
Im zweiten Schritt finden Sie heraus, worin Sie besonders stark sind: Was sind meine Talente und Begabungen? Welche Kompetenzen und Fertigkeiten besitze ich? Wie ist mein Stärken-Schwächen-Profil?

③ Wofür kann ich mich begeistern?

In diesem Schritt erarbeiten Sie, was Sie antreibt und motiviert: Welche Leidenschaften habe ich? Was interessiert und begeistert mich? Wofür brenne ich? Was reizt mich? Für welches Thema bin ich Experte?

④ Was für ein Typ bin ich?

In Schritt 4 geht es um Ihren Charakter und um das, was Sie besonders macht: Was ist meine Lebensphilosophie? Welche Eigenschaften habe ich? Was macht mich einzigartig? Welche Werte sind mir wichtig?

⑤ Wie sieht meine Zukunftsvision aus?

Neuorientierung
Mit diesem Schritt beginnen die Neuorientierung und die Planung Ihrer Zukunft: Was bedeutet für mich Lebensqualität? Welche beruflichen Ziele habe ich? Wie sieht mein Traumjob aus? Wo stehe ich in fünf Jahren?

⑥ Was will ich der Welt bieten?

In Schritt 6 konkretisieren Sie Ihr zukünftiges berufliches Engagement: Was ist mein Angebot an zukünftige Arbeitgeber oder Kunden? Was will ich leisten? Mit welcher Geschäftsidee oder mit welchem Job?

⑦ Wie gehe ich genau vor?

Umsetzung
Im letzten Schritt erarbeiten Sie sich sukzessive, wie Sie Ihre Vision Wirklichkeit werden lassen: Was muss ich tun, um meine Ziele zu erreichen? Womit beginne ich? Wie gehe ich mit Veränderungen um?

Sie werden sehen, dass die Aufgaben nach und nach eine Veränderung bei Ihnen hervorrufen, da Sie sich intensiv mit sich selbst beschäftigen. Sie werden sich Fragen stellen und Antworten geben, an die Sie bisher nicht gedacht oder für die Sie sich nicht die Zeit genommen hatten, sich einmal intensiv damit zu befassen.

Auf manche Fragen werden Sie vermutlich direkt – aus dem Bauch heraus – eine erste Idee für eine Antwort haben. Es ist sehr wichtig, diese intuitiven Eingebungen wahrzunehmen, wenn Sie die Übungen in diesem Buch durcharbeiten. Gerade Ihre intuitiven Antworten sind es, bei denen Ihr Gehirn nur wenige oder keine Filter angewandt hat und die Ihnen somit Ihre inneren Wünsche und Bedürfnisse offenbaren. Um diese ungefilterten Wahrnehmungen nicht aus dem Auge zu verlieren, empfehle ich Ihnen, in zwei Schritten zu arbeiten: Unter jeder Frage in diesem Buch finden Sie etwas Raum für Ihre Antworten. Im ersten Schritt der Aufgabenbearbeitung schreiben Sie hier bitte hinein, was Ihnen intuitiv – aus dem Bauch heraus – als Erstes in den Sinn kommt. Nehmen Sie sich dann für den zweiten Schritt der Bearbeitung einen Block Papier oder Ähnliches zur Hand, wo Sie die Fragen ein zweites Mal detailliert beantworten. Sie können dafür auch die Notizseiten am Ende dieses Buches nutzen. Berücksichtigen Sie hierbei Ihre intuitiven Eingebungen aus dem ersten Schritt.

Seien Sie sicher: Mehr Selbstkenntnis heißt mehr Selbstbestimmung, heißt mehr Lebensqualität, heißt mehr Zufriedenheit, heißt mehr Erfüllung, heißt mehr Glück. Halten Sie durch. Es lohnt sich!

Ihr Tammo Ganders, motivaction

Schritt 1: Wo stehe ich heute?

> »Das Morgen planen heißt das Gestern abstreifen.
> Bevor man etwas Neues anfangen kann,
> muss man mit dem Alten brechen.«
>
> *Peter F. Drucker, US-amerikanischer Ökonom*

Um sich zu verändern und sich neu zu orientieren, sollte man die bisherige Situation hinter sich lassen, so Drucker. Das ist wichtig, bedingt aber, dass wir erkennen, wie wir in die aktuelle Situation geraten sind, die uns Probleme oder Unzufriedenheit zu bereiten scheint. Haben wir uns aus innerer Überzeugung für unseren Werdegang entschieden, oder gab es äußere Einflüsse und Beweggründe? Auch ist es entscheidend, zu analysieren, was genau uns an der aktuellen Situation stört, denn nur dann können wir in Zukunft Unerwünschtes vermeiden.

Albert Einstein wird damit zitiert, dass er, wenn er eine Stunde Zeit hätte, um ein Problem zu lösen, 55 Minuten das Problem definiere und nur fünf Minuten nach einer Lösung suche. Diese Äußerung ist sicherlich nicht ganz wörtlich zu nehmen, verdeutlicht aber sehr gut, welches Ziel er damit verfolgte: Wenn man in die Tiefe einer Problemstellung vordringt und deren Ursachen, Auswirkungen und Rahmenbedingungen erkennt, dann offenbart sich einem oft bereits ein großer Teil der Lösung. Je besser also das Problemverständnis ist, desto besser wird auch die Entscheidung über mögliche Lösungsalternativen sein. Achten Sie also im Folgenden darauf, der Entstehung Ihrer eigenen Situation nicht mit Rechtfertigung, sondern mit Neugier zu begegnen. Sie werden überrascht sein, wie viele Beweggründe gar nicht die Ihrigen waren und wie viele, eigentlich überwindbare Grenzen Sie sich selber setzen.

Das erste Kapitel befasst sich deshalb mit der Betrachtung Ihrer derzeitigen Situation und Ihrem Wunsch, diese verändern zu wollen. Im Folgenden nenne ich das in diesem Buch »Ihre Herausforderung«. Unabhängig von der Art Ihrer Herausforderung und der Ursachen dafür beginnen wir mit der Betrachtung, wie Sie in die heutige Situation gelangt sind. Welche Motivation hatten Sie, sich für Ihren beruflichen Werdegang zu entscheiden und damit gegen alle anderen Optionen, die sich Ihnen geboten haben?

Vielleicht sagen Sie jetzt, dass Sie nicht die Wahl gehabt hätten, da man Ihnen gekündigt oder Sie versetzt hätte. Doch das heißt nicht, dass es keine anderen Optionen gäbe. Wenn Sie arbeitslos sind, können Sie sich dafür entscheiden, darauf zu warten, bis jemand mit einem Jobangebot auf Sie zukommt, das Ihnen zusagt, ein gutes Gehalt beschert und ein tolles Unternehmensumfeld mit flexiblen Arbeitszeiten und viel Urlaub bietet.

Vielleicht warten Sie aber auch auf eine längst überfällige Beförderung oder Gehaltserhöhung.

Bedenken Sie: Eine alternative Möglichkeit haben Sie immer: indem Sie die Umstände verändern, aufhören zu warten und aktiv handeln. Wie sagte bereits der ehemalige britische Premierminister Benjamin Disraeli:

> *»Es sind nicht die Umstände, die den Menschen schaffen.*
> *Der Mensch ist es, der die Umstände schafft.«*

Das mag auf den ersten Blick leichter gesagt als getan klingen, aber die Wahrheit ist: Es liegt an Ihnen selbst, wie Sie sich entscheiden, und damit, auch welche Konsequenzen Sie akzeptieren bzw. bereit sind, in Kauf zu nehmen. Keine Frage: Zielgerichtete Veränderungen sind immer anstrengend und funktionieren nie von alleine. Wissen Sie allerdings, welche Änderungen Sie sich wünschen, und haben Sie das zu erreichende Ziel klar vor Augen, dann wird es Ihnen leichter fallen, als Sie heute denken.

Wie ich wurde, wer ich bin

Wie auch immer sich die Umstände zur Zeit für Sie darstellen, es ist von Bedeutung, dass Sie im ersten Schritt herausfinden, warum Sie sich für Ihre derzeitige Situation entschieden hatten. Welches waren die Auslöser? Welche Hoffnungen, Motive und Ziele haben Ihre Entscheidung beeinflusst? Wer hat Sie begleitet, Ihnen Empfehlungen gegeben, auf Sie eingewirkt?

Wie anfangs erwähnt, empfehle ich Ihnen, die Übungen in zwei Schritten zu machen. Notieren Sie in dem dafür vorgesehenen Platz Ihre ersten intuitiven Gedanken. Beantworten Sie dann in einem zweiten Schritt die Fragen detaillierter auf einem separaten Blatt oder im Anhang des Buches. Beginnen Sie nun mit der ersten Aufgabe zur Situationsanalyse.

1.1 Wie ist meine aktuelle Situation entstanden?

Bitte blicken Sie auf Ihre letzten Jahre zurück und beantworten Sie die folgenden Fragen. Seien Sie ganz ehrlich zu sich selbst.

1. Wie ist Ihre gegenwärtige (berufliche) Situation entstanden? Was waren die ausschlaggebenden Entscheidungen, die Sie getroffen haben? Welche Beweggründe haben Sie so entscheiden lassen? Bitte denken Sie an alle beruflichen Wendepunkte bis zur heutigen Position.

2. Wer aus Ihrem Umfeld (z. B. Eltern, Freunde, Lehrer) hatte welchen Einfluss auf ...

   a) ... Ihre Studien- bzw. Ausbildungswahl?

   b) ... Ihre Berufswahl?

   c) ... die Wahl für Ihre aktuelle berufliche Situation/ Position?

3. Wir gehen in unserem Leben ständig Kompromisse ein und nehmen dadurch Abstand von unseren eigenen Vorstellungen. Welche beruflich relevanten Kompromisse sind Sie eingegangen? Zu wessen Gunsten?

Wenn Sie diese Fragen offen und ehrlich für sich beantwortet haben, dann werden Sie vermutlich feststellen, dass einige Ihrer beruflichen Stationen und Wendepunkte nicht nur durch Sie alleine beschlossen wurden, sondern viele externe Einflüsse Ihre Entscheidungen mitbestimmt haben. Ob dies nun Personen aus Ihrem Umfeld wie Ihre Eltern oder Vorgesetzten waren, der Arbeitsmarkt oder finanzielle Not Sie getrieben hat – die spannende Frage, die sich nun stellt, lautet: Wenn Sie alle diese Faktoren hätten ignorieren können, die Kompromisse nicht eingegangen wären und sich nur auf Ihre innere Stimme verlassen hätten, wie wäre die Entscheidung dann ausgefallen? Und wenn Sie heute in die Zukunft schauen, wie müssten Sie sich dann entscheiden?

Aber bevor wir die Antworten auf diese Fragen erarbeiten, geht es darum, noch mehr Klarheit über Ihre derzeitige Situation herzustellen. Dazu setzen wir uns in der nächsten Übung genauer mit Ihrer persönlichen Herausforderung – Ihrem Veränderungswunsch – auseinander.

1.2 Wie sieht meine derzeitige Herausforderung genau aus?

Bitte definieren Sie durch die Beantwortung der folgenden Fragen Ihren Veränderungswunsch, ohne dabei bereits an etwaige Lösungen zu denken.

1. Was bzw. welchen Zustand wollen Sie genau verändern? Geht es um Ihre Tätigkeit an sich, den Arbeitsinhalt, die Arbeitsbedingungen oder etwas ganz anderes? Versuchen Sie, es ganz präzise zu beschreiben.

2. Was genau ist aus Ihrer Sicht die Schwierigkeit, vor der Sie stehen? Versuchen Sie, diese Herausforderung in einem Satz zu formulieren.

Wie anfangs erwähnt, ist es für eine erfolgreiche Veränderung entscheidend, die aktuelle Situation und deren Auswirkungen und Konsequenzen so genau wie möglich zu verstehen. Hierbei kann es helfen, sich die Situation einmal aus einer anderen Perspektive heraus anzuschauen. In der neurolinguistischen Programmierung (kurz: NLP) spricht man auch von »sich dissoziieren«, wenn man auf Abstand zu einer bestimmten Situation geht und diese, vereinfacht gesagt, nicht mit seinen eigenen Augen, sondern quasi mit denen eines anderen – bzw. von einem anderen Standpunkt aus – sieht. Ich möchte Sie nun bitten, die Auswirkungen und Konsequenzen Ihrer Situation dissoziiert zu betrachten. Dazu stellen Sie sich bitte vor, dass Sie aus der Vogelperspektive auf sich selbst, Ihr Umfeld und Ihre Situation herabschauen. Was sehen Sie dort unten? Wie sieht Ihr Berufsleben aus, wenn alles so weiterliefe wie bisher?

1.3 Was genau macht mich unzufrieden?

Bitte stellen Sie sich vor, Sie würden über Ihrer schwierigen beruflichen Situation, in der Sie sich zur Zeit befinden, schweben und sich selbst von oben sehen.

1. Was passiert in dieser Situation? Welche Probleme treten auf? Was wird verhindert oder erschwert?

2. Welche negativen Auswirkungen und Konsequenzen ergeben sich aus Ihrer Situation? Welche stören Sie besonders oder machen Ihnen große Sorgen?

a) rationale, messbare Auswirkungen/Konsequenzen:

b) emotionale Auswirkungen/Konsequenzen:

Es ist essenziell, dass Sie sich bewusst machen, was sich sowohl in Ihrem Gefühlsleben als auch in Ihrem äußeren Umfeld ändert, wenn in der gegenwärtigen Situation die o. g. Schwierigkeiten akut werden bzw. eintreten. Finden Sie heraus, was genau Sie stört und welcher Zustand verändert werden muss, um das eigentliche Problem Ihrer Situation zu verstehen. Sollten Sie Schwierigkeiten damit haben, es in Worte zu fassen, oder fällt Ihnen nicht sofort alles ein, dann versuchen Sie bitte, Ihre Gedanken mehr zu spezifizieren. Fragen Sie sich einfach, welche weiteren Beispiele es dafür noch geben könnte und welche Teilprobleme bestehen. Wenn Sie sich z. B. durch Ihre Arbeit gelangweilt fühlen, fragen Sie sich, welche Tätigkeiten Sie genau ausüben und anschließend, was Sie an jeder einzelnen Aktivität stört.

Sie haben nun eine erste klare Aufschlüsselung dessen, was Sie stört und was Sie verändern wollen – also Ihrer Herausforderung – entwickelt. Auch die für Sie derzeit negativen Auswirkungen und Konsequenzen sind Ihnen nun klar. Im nächsten Schritt geht es um die Frage nach den Ursachen. Wir neigen häufig dazu, schnell irgendwelche Gründe zu benennen, ohne diese zu hinterfragen. Deshalb bitte ich Sie, bei der Beantwortung des nächsten Fragenblocks bewusst zu prüfen, was Sie wirklich über die Situation und ihre Ursachen wissen. Was ist Ihnen aufgrund von Fakten bekannt? Wo treffen Sie mangels Informationen nur Annahmen? Woher haben Sie die Fakten, und wie realistisch sind Ihre Annahmen? Könnte alles auch ganz anders sein?

Bearbeiten Sie die nächste Übung auch wieder in zwei Schritten, beginnend mit der Niederschrift der ersten Gedanken, die Ihnen intuitiv einfallen. Anschließend hinterfragen Sie Ihre Antworten hinsichtlich ihres belegbaren Wahrheitsgehaltes. Wenn Sie beispielsweise schon Jahre auf eine Beförderung warten und Ihnen intuitiv Ihr Chef als Ursache dafür einfällt, dann fragen Sie sich in einem zweiten Schritt, ob wirklich nur Ihr Chef dafür verantwortlich ist. Gibt es handfeste Belege oder Situationen, an die Sie sich erinnern, in denen Ihr Vorgesetzter Ihre Beförderung aktiv verhindert hat? Falls nein, dann spielen vielleicht andere Gründe eine viel gewichtigere Rolle. Möglicherweise haben Sie Ihren Beförderungswunsch noch nicht hinreichend kundgetan. Vielleicht liegt es auch an der unternehmensinternen Personalpolitik, auf die Ihr Chef keinen Einfluss hat. Je nachdem, was die tatsächliche Ursache ist, unterscheiden sich somit auch die Lösungen, die die Situation verbessern, voneinander.

1.4 Welche Ursachen hat meine Situation?

Bitte bearbeiten Sie die folgenden Fragen und prüfen Sie Ihre Antworten dahingehend, ob es sich um belegbare Fakten oder von Ihnen getroffene Annahmen handelt.

1. Welches sind aus Ihrer Sicht die Ursachen für Ihre Situation? Wie ist es dazu gekommen?

2. Welche Erklärungen hat Ihr Umfeld für Ihre Situation? Sollten Sie darüber von den u. g. Personen noch kein Feedback erhalten haben, dann fragen Sie doch einmal direkt vertraute Personen aus Ihrem Umfeld. Sie können sich auch in deren Lage versetzen und überlegen, was diese wohl über die Ursachen Ihrer Situation denken.

   a) Welche Erklärungen hat Ihr berufliches Umfeld (Chef, Kollegen, Partner)?

b) Welche Erklärungen hat Ihr privates Umfeld (Familie, Freunde, Bekannte)?

Für die Erkenntnis über die Situationsentstehung und deren Ursachen ist es auch hilfreich, diese einmal aus einem anderen Blickwinkel zu betrachten, um neue Einsichten zu gewinnen. Das ermöglicht Ihnen eine Überprüfung der tatsächlichen direkten und indirekten Auslöser Ihrer Unzufriedenheit, welche davon beinflussbar sind und was getan werden muss, um eine nachhaltige Verbesserung zu erzielen.

In diesem Kapitel geht es jedoch noch nicht um die Lösung, da hierzu noch einige Schritte getan werden müssen, wobei Sie sich selbst besser kennen lernen. Allerdings umfasst die Situationsanalyse die Erfassung von Ansätzen und Grenzen, die Ihnen bereits bekannt sind oder die Sie vielleicht schon mit positiven oder negativen Erfahrungen ausprobiert haben. Dies erfolgt im Rahmen der nächsten Übung

1.5 Welche Lösungsansätze und welche Grenzen sehe ich?

Bitte denken Sie über die folgenden Fragen nach und prüfen Sie, ob Ihre Antworten wirklich stichhaltig sind oder auf Annahmen basieren. Sollte Letzteres der Fall sein, hinterfragen Sie diese bezüglich ihrer Wahrscheinlichkeit, richtig zu sein.

1. Was haben Sie bereits unternommen, um Ihre Situation zu verbessern bzw. Ihr Problem zu lösen? Was war das Ergebnis?

2. Was hält Sie davon ab, die Situation zu verändern? Welche Bedenken haben Sie?

3. Was müsste gegeben sein, um das, was Sie blockiert oder Ihnen Sorge macht, aus dem Weg zu räumen?

4. Wie weit sind Sie bereit zu gehen, um Ihre Situation zu verbessern? Was sind Sie bereit aufzugeben, und was rühren Sie auf keinen Fall an?

Der letzte Fragenblock diente dazu, Ihre ersten Ideen und Erfahrungen mit potenziellen Lösungsansätzen zu überdenken. Dies soll nun mit der folgenden Übung weiter vertieft werden, damit Sie Ihre Rahmenbedingungen für eine Situationsveränderung klarer erkennen. Zudem geht es darum, die Ziele, die Sie mit einer Verbesserung verfolgen, deutlicher herauszuarbeiten.

1.6 Was hält mich, was zieht mich?

Bitte stellen Sie sich vor, Sie stünden zwischen zwei Pflöcken, und sowohl von rechts als auch von links zöge jeweils ein Gummiband an Ihnen. Das linke Band hält Sie im Ist-Zustand, Ihrer derzeitigen Situation, während das rechte Band Sie zu Ihrem Wunschzustand zieht.[1]

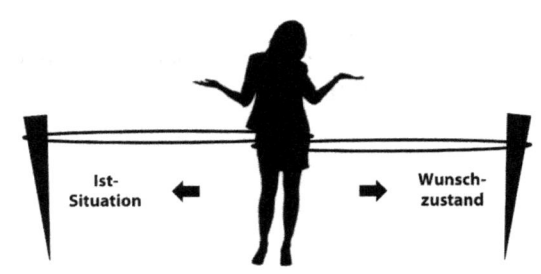

1. Was hält Sie in Ihrer derzeitigen Situation? Bitte erstellen Sie eine Liste mit den Rahmenbedingungen, die für Sie heute (und zukünftig) erfüllt sein müssen.

---

[1] In Anlehnung an KROGERUS, Mikael; TSCHÄPPELER, Roman: *50 Erfolgsmodelle – Kleines Handbuch für strategische Entscheidungen.* 11. Aufl. Zürich : Kein & Aber Verlag, 2010, S. 23.

2. Was zieht Sie zu Ihrem Wunschzustand? Bitte erstellen Sie eine Liste mit den Zielen, die Sie sich von einer Situationsveränderung erhoffen.

Nehmen Sie sich ausreichend Zeit für die Beantwortung. Wenn Sie dann alle oben genannten Übungen konzentriert ausgeführt und Ihre Antworten auch hinterfragt haben, dann sind Sie bereits einen großen Schritt weiter. Sie haben nun eine gute Basis für die vor Ihnen liegende Neuorientierung. Durch die intensive Auseinandersetzung mit Ihrer Situation sowie deren Ursachen und Auswirkungen haben Sie sicherlich die eine oder andere Erkenntnis gewonnen. Bei der anfänglichen Beschreibung Ihres Veränderungswunsches in Übung 1.2 war vieles vermutlich noch nicht so klar.

Meine persönliche Herausforderung

Damit Sie Ihre Ziele, die Sie mit Ihrer Veränderung erreichen wollen, im weiteren Verlauf Ihrer Neuorientierung immer vor Augen haben, kommen wir jetzt zur letzten Übung dieses Kapitels. Bitte formulieren Sie nun erneut Ihre persönliche Herausforderung – also Ihren Veränderungswunsch – indem Sie folgende Hinweise berücksichtigen.

Achten Sie darauf, dass Sie Ihre Wünsche ausschließlich in Form von positiven Fragen formulieren (Was wollen Sie erreichen?) und spannend und engagiert beschreiben.

Zudem bitte ich Sie, sobald Sie eine grobe Idee Ihrer Herausforderung skizziert haben, diese einmal zu »reframen«. Diese in der NLP häufig angewandte Technik deutet eine Situation um, indem sie aus einem anderen Kontext heraus betrachtet wird. Reframing, also die Umformulierung und Umdeutung, liefert damit weitere Sichtweisen auf Ihre Herausforderung. Dies geht wie folgt:

Bitte reframen Sie Ihre Herausforderung z. B. durch den Gebrauch anderer Wörter oder die Formulierung aus anderen Perspektiven. Wie würden beispielsweise Ihre Wettbewerber, Ihr Chef, eine Nonne, Ihre Eltern, ein Wissenschaftler etc. Ihre Herausforderung beschreiben? Eine Nonne z. B. sähe die Welt und damit Ihre Situation aus einem ganz anderen Blickwinkel. Sowohl die Wertigkeit bestimmter Dinge als auch die Herangehensweise für eine Lösung sähen vermutlich bei ihr ganz anders aus als bei Ihnen. Versetzen Sie sich bewusst in andere Rollen.

Wenn Sie diese Punkte berücksichtigen, fördern Sie sowohl Ihre Motivation als auch eine kreative Lösungsfindung, weil Ihr Gehirn direkt durch den Wunsch, das Ziel zu erreichen, zu arbeiten beginnt.

1.7 Welche persönliche Herausforderung stellt sich mir? Was wünsche ich mir?

Bitte fassen Sie Ihre Erkenntnisse aus den bisherigen Übungen zusammen und formulieren Sie in einem Satz Ihre persönliche Herausforderung, der Sie sich stellen wollen.

Nutzen Sie hierbei bitte folgendes Schema, wobei Sie jeweils in den eckigen Klammern Ihre persönlichen Inhalte einfügen (siehe Beispiel unten):

»Wie und auf welchen Wegen könnte ich [meine derzeitige Situation] [in welche Richtung verändern], damit [das Endresultat] eintritt?«

Beispiel:

Vielleicht haben Sie in den vorangegangen Übungen festgestellt, dass Ihre aktuelle Tätigkeit Sie nicht wirklich interessiert und Sie diese seinerzeit aufgrund einer zufälligen Empfehlung aufgenommen hatten. Vielleicht zeigte sich zudem, dass die Arbeit in einem Großunternehmen Ihnen zu wenig Handlungsmöglichkeiten zur Entfaltung bietet. Auf der anderen Seite möchten Sie aber auch keinen Gehaltsverzicht hinnehmen. In diesem Fall könnte Ihre Herausforderung z. B. wie folgt lauten:

»Wie und auf welchen Wegen könnte ich [meine derzeitige Anstellung als Controller] [erfolgreich ablösen], damit [ich durch eine andere, noch zu definierende handwerkliche Tätigkeit, die mir Freude bereitet, genügend Kunden begeistere, um damit meinen Lebensunterhalt zu verdienen] ?«

SCHRITT 1: WO STEHE ICH HEUTE?

Wenn Sie das, was Sie gerne erreichen möchten, anhand dieses Schemas definiert haben, dann haben Sie damit die zentrale Frage gestellt, auf die Sie in den folgenden Kapiteln eine Antwort finden werden: Wie muss meine Neuorientierung aussehen, damit ich ein zufriedenes, selbstbestimmtes und erfolgreiches Berufsleben führen kann?

Die Basisarbeit hierfür haben Sie nun erfolgreich abgeschlossen. Sie wissen jetzt, wo Sie im Leben stehen. Es ist somit klar, wie Ihre Situation entstanden ist, was genau Sie heute stört und damit zukünftig geändert werden sollte. Sie kennen zudem auch »Ihre heiligen Kühe«, die Sie auf keinen Fall anrühren wollen oder können.

Möglicherweise ist Ihnen dieses Kapitel als etwas trockene Aufarbeitung der Vergangenheit erschienen. Sie werden im Folgenden jedoch merken, dass es ein notwendiger Bestandteil Ihrer Veränderung gewesen ist. Seien Sie stolz und freuen Sie sich, das erste Kapitel abgeschlossen zu haben, indem Sie die eigentliche Herausforderung kennen, vor der Sie stehen!

Schritt 2: Worin bin ich besonders gut?

»Glück ist ein Maßanzug. Unglücklich sind meist die, die den Maßanzug eines anderen tragen möchten.«

Karl Böhm, Dirigent

Was der Dirigent Karl Böhm mit diesem Zitat ausdrückt, bringt es auf den Punkt: Ihnen wird weder der Maßanzug eines anderen wirklich passen noch ein Anzug von der Stange. Denn Glück ist individuell und liegt im Auge des Betrachters. Das bedeutet, man muss seine eigenen »Maße« kennen, um zufrieden und glücklich zu leben.

Ein Problem ist, dass wir häufig Vorbildern nacheifern und versuchen, deren Verhalten zu imitieren, weil wir zu wissen glauben, dass diese ein beneidenswertes, glückliches Leben führen. Aber worauf stützen wir diese Annahme? Darauf, dass sie erfolgreich sind und viel Geld verdienen, ein großes Auto fahren, eine Villa besitzen, auf VIP-Partys eingeladen werden oder man sie dann und wann in der Presse sieht? Warum halten wir diese äußerlichen Faktoren für Anzeichen des Glücks? Denken Sie an die anfangs erwähnten Erkenntnisse aus der Glücksforschung, die belegen, dass Glück nicht von der gesellschaftlichen Schicht o. ä. Faktoren abhängt, sondern in der Person selbst liegt. Der römische Kaiser Marc Aurel sagte: »*Das Glück im Leben hängt von den guten Gedanken ab, die man hat.*« Mit welcher Stimmung man einer Situation gegenübertritt, bestimmt maßgeblich das Glücksempfinden. Demnach ist auch klar, das Glück immer nur ein erlebter Moment und kein Dauerzustand sein kann. Deshalb sollte auch nicht das Glück selbst das Hauptziel im Leben sein, sondern Zufriedenheit und Selbstbestimmung als kontinuierliche Treiber für Erfüllung und Glücksmomente.

Damit Sie für sich Zufriedenheit und Selbstbestimmung finden, sollten Sie also Ihre eigenen »Maße« ermitteln: Wo liegen Ihre

Stärken, worin sind Sie besser als andere, was macht Ihnen Freude? Genau damit befassen wir uns in diesem Kapitel. Los geht's!

Meine Talente und Begabungen

Wenn ich von Talenten bzw. Begabungen spreche, dann meine ich Fähigkeiten, die Sie beherrschen, ohne dass Sie es lernen mussten, oder Dinge, die Ihnen ganz besonders leicht von der Hand gehen, z. B. mathematisches Verständnis, Sportlichkeit oder Musikalität.

2.1 Welche Talente bzw. Begabungen besitze ich?

Bitte beantworten Sie die folgenden Fragen und überlegen Sie sich für jede Antwort, wo und in welchen privaten wie beruflichen Situationen Sie die jeweiligen Talente und Begabungen schon einmal haben nutzen können.

1. Aus Ihrer Sicht: Welche besonderen oder stark ausgeprägten Talente bzw. Begabungen haben Sie?

2. Was sagt Ihr Umfeld (Eltern, Freunde, Chef etc.): Welche besonderen oder stark ausgeprägten Talente und Begabungen werden Ihnen zugesprochen?

3. Was können Sie besonders gut und besser als andere? Wann und woran merken Sie das? Wo und wie haben Sie dies bisher nutzen können?

Wie bereits erwähnt, sind Talente bzw. Begabungen angeboren. Der Erfolg in diesen Bereichen fliegt einem geradewegs zu, sofern man diese richtig einzusetzen weiß. Grundsätzlich kann man zudem sagen, dass einem besonders die Dinge Freude bereiten, die einem leicht von der Hand gehen. Und genau das ist es, was dazu führt, dass man in diesen Bereichen meistens auch besonders gute Ergebnisse erzielt, die über die anderer Personen mit anderen Begabungen hinausgehen.

Bitte fragen Sie sich nun einmal ehrlich, wie gut Sie in Ihrer derzeitigen beruflichen Situation Ihre Talente bzw. Begabungen einsetzen können und somit auch davon profitieren. Haben Sie darüber hinaus in Ihrer aktuellen Position die Möglichkeit, diese aktiv zu fördern und weiterzuentwickeln? Wenn ja, welche Talente? Und welche nicht?

Meine Kernkompetenzen und Fertigkeiten

Im nächsten Schritt geht es um Ihre Kernkompetenzen und Fertigkeiten, die Sie in Ihrem Leben erlernt und die sich durch Erfahrungen bei Ihnen ausgeprägt haben. Vielleicht haben Sie Medizin studiert und sind Experte für Kinderheilkunde. Oder möglicherweise verdienen Sie Ihr Geld als Koch, kennen sich zudem aber exzellent in der Fotografie aus, weil Sie sich seit Jahren als Autodidakt privat darin fortbilden.

Einige Kernkompetenzen und Fertigkeiten haben Sie wahrscheinlich aus eigenem Interesse erlernt, andere sich vielleicht durch äußere Einflüsse angeeignet.

Wenn Sie also in der nächsten Übung Ihre Kernkompetenzen und Fertigkeiten identifizieren, dann denken Sie bitte sowohl an spezielles Fachwissen, das Sie über Ihre Ausbildung, Ihr Studium, Weiterbildungen, Zertifizierungen oder Kurse gewonnen haben, als auch an Praxiserfahrung, die Sie in Praktika, im Beruf oder privat sammeln konnten. Was davon wollten Sie lernen? Was hat man Ihnen aufgetragen?

2.2 Welche Kernkompetenzen und Fertigkeiten habe ich mir angeeignet?

Bitte beantworten Sie die folgenden Fragen und überlegen Sie sich bei jeder Antwort, warum, zu welchem Zweck und für wen Sie diese Kernkompetenzen und Fertigkeiten erworben haben.

1. Aus Ihrer Sicht: Welche Kernkompetenzen und Fertigkeiten haben Sie sich angeeignet?

2. Was sagt Ihr Umfeld (Eltern, Freunde, Chef, Mitarbeiter): Welche Kernkompetenzen und Fertigkeiten werden Ihnen zugesprochen?

3. Wann und wo können Sie Ihre Kernkompetenzen und Fertigkeiten heute gewinnbringend einsetzen?

Eine Differenzierung zwischen Talenten/Begabungen und Kernkompetenzen/Fertigkeiten ist deshalb erforderlich, weil diese neben der unterschiedlichen Art der Aneignung auch auf unterschiedliche Motivationen zurückzuführen sind. Sie werden beispielsweise nicht als Finanzexperte geboren, sondern müssen dafür eine umfangreiche Ausbildung absolvieren. Besitzen Sie allerdings keine ausreichende mathematische Begabung, so werden Sie voraussichtlich sehr viel mehr Aufwand in die Ausbildung stecken müssen. Auch werden Sie vermutlich weniger Freude daran haben und hinter den Leistungen zurückbleiben, die jemand mit einer entsprechenden Begabung erreichen kann. Entscheidend ist also, ob sich unsere Talente/Begabungen mit unseren Kompetenzen und Fertigkeiten decken bzw. wie gut sie sich ergänzen. Nachfolgend wollen wir überprüfen, inwieweit dies bei Ihnen der Fall ist. Gehen Sie bitte dazu die vorangegangenen beiden Aufgaben erneut durch und wählen Sie jeweils die Toptalente/-begabungen und die Topkompetenzen/-fertigkeiten aus, die bei Ihnen am stärksten ausgeprägt sind. Bitte jedoch jeweils maximal fünf Eigenschaften nennen! Anschließend fahren Sie mit folgender Übung fort:

2.3 Wie gut ergänzen sich meine Talente und Kernkompetenzen?

Bitte nehmen Sie sich eine leere Seite zur Hand und zeichnen Sie darauf eine Matrix (siehe rechts). Listen Sie nun in der linken Spalte alle als solche identifizierten Toptalente auf und auf der obersten Zeile Ihre Topkernkompetenzen. Dann überprüfen Sie bitte Ihre Eintragungen, indem Sie jedes Talent jeder Kernkompetenz gegenüberstellen und in jeder Kombination beurteilen, ob die sich positiv (+), gar nicht (/) oder negativ beeinflussen (–).

Beispiel:

Wenn Sie künstlerisch begabt sind, würde dieses Talent die Kernkompetenz »Fotografieausbildung« positiv unterstützen (+), während es bei einer Kernkompetenz im Bereich Altersvorsorge keinen Einfluss hätte (/). Im Prozessmanagement oder in der standardisierten Fertigung könnte sich ein künstlerisches Talent sogar negativ auswirken (–).

Inwieweit unterstützt, beeinflusst oder ergänzt Ihr Talent bzw. Ihre Begabung Ihre Kernkompetenz bzw. Fertigkeit?	1. Topkernkompetenz bzw. -fertigkeit	2. Topkernkompetenz bzw. -fertigkeit	3. Topkernkompetenz bzw. -fertigkeit	...
1. Toptalent bzw. -begabung	+	–	+	...
2. Toptalent bzw. -begabung	–	/	/	...
3. Toptalent bzw. -begabung	/	+	+	...
...	...	...	...	...

Und? Wie sieht es mit Ihren Talenten und Kernkompetenzen aus? Ergänzen und fördern die sich gegenseitig? Werden Ihre beruflich erworbenen Kompetenzen von Ihren Talenten und Begabungen untermauert, oder gibt es nur wenige Synergien? Sollte Letzteres der Fall sein oder kein Zusammenhang bestehen, so haben Sie hier einige Ursachen für Ihre Unzufriedenheit gefunden. Sie haben sich vermutlich in der Vergangenheit Kompetenzen angeeignet, die Ihrem Naturell und Ihren Begabungen nicht entsprechen, anstelle diese zu fördern und sinnvoll zu ergänzen. Für Ihre zukünftige Ausrichtung ist es von zentraler Bedeutung, dass Sie den Deckungsgrad durch die richtige Kompetenz- und Fertigkeiten-Ausprägung gegenüber dem heutigen erhöhen.

Meine Stärken und Schwächen

Nachdem Sie jetzt Ihre Talente und Kompetenzen kennen, geht es nun noch einmal ganz konkret um Ihre Stärken und Schwächen. Vermutlich hat man Sie schon des Öfteren in Ihrem Leben danach gefragt. Was haben Sie darauf geantwortet? Gerade in Vorstellungsgesprächen ist diese Frage sehr beliebt, und trotzdem fällt es einem nicht leicht, eine Antwort zu finden.

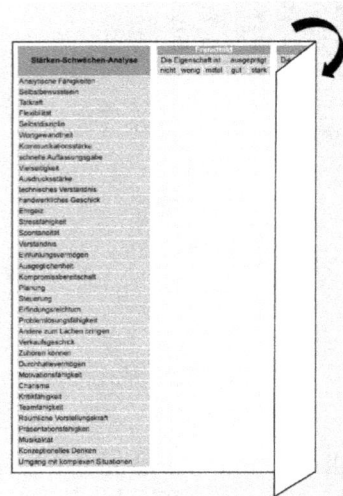

In der nächsten Übung wollen wir eine Selbst- und eine Fremdeinschätzung Ihrer Stärken und Schwächen erarbeiten und miteinander vergleichen. Dafür müssen Sie eine Person aus Ihrem engeren Umfeld, die Sie sehr gut kennt und beurteilen kann, in Ihre Übung mit einbeziehen. Bitte machen Sie die folgende Aufgabe allerdings erst einmal alleine. Anschließend falten Sie die Buchseite – wie links dargestellt – leicht ein, damit die Person Ihres Vertrauens Ihre Selbsteinschätzung nicht sehen kann. Nun bitten Sie die ausgewählte Person, die Übung zu machen. Achten Sie dabei darauf, dass Sie beide unvoreingenommen und ehrlich eine Einschätzung abgeben. Berücksichtigen Sie auch Beurteilungen aus (Arbeits-)Zeugnissen oder Feedbackgesprächen. Nachdem Sie sich sowohl einmal selbst beurteilt haben als auch durch eine Vertrauensperson eingeschätzt wurden, klappen Sie die Seite wieder auf und vergleichen die Ergebnisse anhand folgender Fragen:

1. Wo sind die Differenzen? Wo unter- oder überschätzen Sie sich gegenüber der Fremdbeurteilung?
2. An welche konkreten privaten wie beruflichen Situationen haben Sie jeweils beide bei den unterschiedlichen Einschätzungen gedacht? Bitten Sie Ihre Vertrauensperson, etwaige Differenzen zu begründen (Beispiele).
3. Wo liegen genau Ihre Stärken, die Sie oder Ihre Vertrauensperson mit gut oder stark eingeschätzt haben? Können/Konnten Sie diese Stärken bereits in Ihrem Beruf oder in Ihrer vorberuflichen Zeit gezielt einbringen?
4. In welchen Bereichen sind Sie eher weniger stark? Haben sich diese Schwächen beruflich bereits für Sie bemerkbar gemacht? In welchen Situationen?

Bitte beachten Sie bei der folgenden Übung, dass es sich keineswegs um eine vollständige Liste von Eigenschaften handelt. Sollten Sie etwas vermissen, dann ergänzen Sie dies bitte einfach unterhalb der letztgenannten Eigenschaft.

2.4 Welches sind meine wirklichen Stärken und Schwächen?

Auf den zwei Folgeseiten finden Sie eine Liste mit verschiedenen Eigenschaften. Bitte gehen Sie diese nun Zeile für Zeile durch und schätzen Sie sich jeweils auf der dafür vorgesehenen Skala von »nicht ausgeprägt« bis »stark ausgeprägt« ein. Anschließend falten Sie bitte Ihre Beurteilung um und lassen das Gleiche von einer Vertrauensperson machen.

SCHRITT 2: WORIN BIN ICH BESONDERS GUT?

Selbstbild – Die Eigenschaft ist…ausgeprägt					Fremdbild – Die Eigenschaft ist…ausgeprägt					Stärken-Schwächen-Analyse
nicht	wenig	mittel	gut	stark	nicht	wenig	mittel	gut	stark	
										Verkaufsgeschick
										Begeisterungsfähigkeit
										Verständnis
										schnelle Auffassungsgabe
										Umgang mit Kindern
										Überzeugungskraft
										Entschlossenheit
										Aufgeschlossenheit
										Spontaneität
										Orientierungssinn
										Kommunikationsstärke
										Motivationsfähigkeit
										Eigenverantwortlichkeit
										Anpassungsfähigkeit
										Zielstrebigkeit
										Lernfähigkeit
										Erfindungsreichtum
										Entscheidungsstärke
										Verantwortungsbewusstsein
										Organisationfähigkeit
										Durchhaltevermögen
										handwerkliches Geschick
										Belastbarkeit
										Kreativität
										Gerechtigkeitssinn
										Optimismus
										Menschen aufbauen, trösten
										Vielseitigkeit
										konzeptionelles Denken
										Flexibilität
										Ausdrucksstärke
										Selbstbewusstsein
										Einfühlungsvermögen
										Konzentrationsfähigkeit
										Stilgefühl
										Fitness
										Unklarheit aushalten können
										Stressfähigkeit
										Fähigkeit zu planen
										Musikalität
										Humor
										physische Kraft
										Veränderungsbereitschaft
										Charisma
										sympathisches Auftreten

Stärken-Schwächen-Analyse	Fremdbild – Die Eigenschaft ist…ausgeprägt					Selbstbild – Die Eigenschaft ist…ausgeprägt				
	nicht	wenig	mittel	gut	stark	nicht	wenig	mittel	gut	stark
mathematisches Verständnis										
Problemlösungsfähigkeit										
Hilfsbereitschaft										
Kontaktfreudigkeit										
künstlerische Begabung										
Verhandlungsgeschick										
Realitätssinn										
Ehrgeiz										
Teamfähigkeit										
Ehrlichkeit										
technisches Verständnis										
Fähigkeit zu steuern/managen										
Engagement										
komplexe Situationen erfassen										
Tatkraft										
Analytik										
Kompromissbereitschaft										
Lernbereitschaft										
Zuverlässigkeit										
Koordination										
Blick fürs Ganze										
Selbstmotivation										
Wortgewandtheit										
Toleranz										
Kritikfähigkeit										
bildliche Vorstellungskraft										
Fähigkeit, zuhören zu können										
Fähigkeit zur Selbstreflexion										
Ausgeglichenheit										
Präsentationsfähigkeit										
Geduld										
Selbstdisziplin										
Mut										
…										
…										
…										
…										
…										
…										

Haben Sie den Selbstbild-Fremdbild-Vergleich durchgeführt und anschließend die zuvor genannten vier Fragen beantwortet? Dann werden Sie sicherlich den einen oder anderen »Aha-Effekt« erlebt haben. Wenn Sie in zukünftigen Gesprächen nach Ihren Stärken und Schwächen gefragt werden sollten, können Sie nun eine fundierte Antwort geben, selbstbewusst und durch eine Außenperspektive bestätigt.

Darüber hinaus ist es aber auch für die zukünftige berufliche Ausrichtung entscheidend, sich über die eigenen Stärken und Schwächen im Klaren zu sein und diese auch zu berücksichtigen. Damit meine ich nicht, dass etwaige Schwächen nicht abbaubar seien, aber es wird Ihnen deutlich leichter fallen, sich über die Entfaltung Ihrer Stärken zu behaupten als über den Versuch, eine Schwäche in eine Stärke zu verwandeln. Deshalb ist es wichtig zu erkennen, in welchen Bereichen Sie sich nicht oder nur wenig verbessern zu können glauben, auch wenn Sie sich noch so sehr bemühen.

Resümierend gehen Sie bitte in der letzten Übung dieses Kapitels noch einmal Ihre Talente, Kompetenzen und Stärken durch.

2.5 Was macht mich herausragend?

Bitte bearbeiten Sie die folgenden Fragen auf Basis der vorangegangenen Übungen und beantworten Sie diese so, als wenn man Sie in einem Vorstellungsgespräch danach fragen würde.

1. Was können nur Sie – aufgrund welcher Talente und Kompetenzen – so ausführen, dass dadurch für andere ein Vorteil entsteht?

2. Aufgrund welcher Stärken sind Sie, privat wie beruflich, so exzellent, dass man Sie dafür lobt oder dass Sie aus der Menge herausragen?

Schritt 3: Wofür kann ich mich begeistern?

> »Erfolg heißt,
> sich mit der ganzen Kraft des Seins auf etwas zu konzentrieren,
> das man mit jeder Faser seines Herzens will.«
>
> *Wilferd A. Peterson, US-amerikanischer Autor*

Was Wilferd A. Peterson mit diesem Zitat zum Ausdruck bringt, ist, dass man Erfüllung in dem findet, was man wirklich will. Und wenn man etwas wirklich will, kommt der Erfolg automatisch. Aber was ist zu tun, wenn man gar nicht genau weiß, was man eigentlich möchte? Um das herauszufinden, schauen wir uns in diesem Kapitel Ihre Bedürfnisse und Interessen genauer an. Bedürfnisse bringen Ihren Bedarf an etwas zum Ausdruck, das sowohl lebensnotwendig als auch nur wünschenswert sein kann. Sie stellen damit den Wunsch dar, einen empfundenen Mangel zu beheben. Ihre Interessen hingegen spiegeln Dinge und Themen wider, die Sie motivieren, aber nicht auf einer Mangelerscheinung beruhen. Beides ist wichtig, um einerseits die Ausrichtung für Ihre zukünftige berufliche Entwicklung richtig zu setzen, als auch die Rahmenbedingungen korrekt zu bestimmen. Nachfolgend beginnen wir mit Ihren Bedürfnissen und Motiven.

Meine Bedürfnisse und Motive

Die Frage, die als Erstes zu beantworten ist, zielt auf Ihre Bedürfnisse für ein zufriedenes und erfülltes Leben. Es ist gar nicht so leicht zu sagen, was man wirklich benötigt, um beruflich glücklich bzw. erfüllt zu sein. Welche Bedürfnisse müssen dafür genau erfüllt sein? Wann? Wie müssen diese im Detail aussehen? Auch die Frage nach den zugrunde liegenden Motiven ist nicht gerade einfach zu beantworten: Warum und weshalb wünscht man sich eigentlich, dass die Bedürfnisse erfüllt werden? Wofür oder für wen?

Um sich den Antworten auf diese Fragen etwas strukturierter zu nähern, lohnt sich ein Blick zurück: Was hat Sie in der Vergangenheit glücklich und zufrieden gemacht? Bitte machen Sie dazu folgende Übung.

3.1 Welche Momente im Leben machen mich besonders glücklich?

Bitte beantworten Sie die folgenden Fragen, indem Sie sich in Ihre berufliche wie private Vergangenheit versetzen.

1. In welchen Momenten und bei welchen Tätigkeiten in Ihrem Leben waren Sie richtig glücklich bzw. erfüllt? Bitte denken Sie neben beruflichen Situationen auch an private Tätigkeiten, wie Ihre Hobbys etc.

   Berufliche Momente:

   Private Momente:

2. Wie hat sich das Glücks- und Erfüllungsgefühl bei Ihnen konkret geäußert? Wie hat es sich angefühlt?

3. Was glauben Sie, welche Ursachen die Glücksgefühle haben?

Zustände des Glücks und der Erfüllung sind zudem meist solche Momente im Leben, in denen die Zeit nur so an einem vorbeizieht. Man befindet sich im »Flow«, einem Zustand des völligen Aufgehens in einer Tätigkeit oder einer Situation. Die Identifikation derartiger Zustände ist wichtig für Sie, um sie bewusst in Ihre zukünftigen Berufspläne integrieren zu können, indem Sie sich auf Tätigkeiten fokussieren, die bei Ihnen Glück und Erfüllung und damit den »Flow« auslösen.

Damit Sie sich hierüber selbst noch klarer werden, bitte ich Sie nachfolgend, sich einmal in eine idealisierte berufliche Zukunft zu versetzen. Es geht an dieser Stelle noch nicht darum, alles bis ins Detail zu beschreiben, sondern erst einmal um die wesentlichen Ideen und Gedanken, die Ihnen vorschweben – sprich: um Ihr Bauchgefühl.

3.2 Was ist mir im Beruf wichtig?

Bitte beantworten Sie die folgenden Fragen, indem Sie sich in Ihre idealisierte berufliche Zukunft versetzen.

1. Nennen Sie die drei wichtigsten Faktoren, die Sie von Ihrem Idealberuf erwarten, und präzisieren Sie diese: Was genau? Wie genau? Wann genau?

2. Wenn Sie sich für Ihre zukünftige berufliche Situation spontan einen Wunsch erfüllen könnten, was würden Sie sich wünschen? Präzisieren Sie diesen Wunsch: Was genau? Wie genau? Wann genau?

SCHRITT 3: WOFÜR KANN ICH MICH BEGEISTERN?

3. Welche beruflichen Mindestanforderungen müssen für Sie erfüllt sein, bzw. worauf können Sie auf keinen Fall verzichten? Präzisieren Sie diese Anforderungen: Was genau? Wie genau? Wann genau?

Nachdem Sie nun Ihre Wünsche und Bedürfnisse definiert haben, müssen die diesen zugrunde liegenden Motive herausgearbeitet werden. Deshalb fragen Sie sich jetzt für jedes Ihrer als solche definierten Bedürfnisse, »warum« und »wofür« Sie es eigentlich anstreben.

Wenn Sie zum Beispiel ein bestimmtes Monatseinkommen als eine Mindestanforderung genannt haben, dann fragen Sie sich, wozu Sie den Betrag X überhaupt brauchen. Vielleicht gibt es bestehende Verbindlichkeiten, die beglichen werden müssen, oder Sie möchten Ihren Lebensstandard nicht verändern. In diesem Fall wäre es klar, dass Ihre Forderung nach einem bestimmten Einkommen eigentlich einem anderen Zweck und damit einem anderen Motiv dient und keinen Selbstzweck erfüllt. Hierbei ist es nun ganz wichtig, dass Sie die neu entdeckten Beweggründe ebenfalls wieder nach ihrem »Warum« und »Wofür« hinterfragen. Nur wenn Sie dies konsequent tun, werden Sie zu Ihren eigentlichen Grundmotiven und dem, was Ihnen wirklich wichtig ist, vordringen.

Erfahrungsgemäß ist dieser Schritt häufig recht anstrengend, jedoch entscheidend für Ihre zukünftige berufliche Orientierung.

Nur wenn Sie Ihre Grundmotive kennen, können Sie den eben gegangenen Weg später auch wieder rückwärtsgehen und sich überlegen, auf welchen alternativen Wegen Sie sich Ihre Bedürfnisse ebenfalls erfüllen könnten. Gehen Sie nun Ihre Wünsche und Anforderungen durch und stellen Sie die Frage nach dem »Warum« und »Wofür«.

Da die Kenntnis Ihrer Grundmotive so bedeutsam ist, gehen wir im Folgenden noch einmal vertiefend darauf ein. Eine geeignete Methode hierfür ist die, sich von Neuem in Ihre idealisierte Zukunft zu versetzen. Ich bitte Sie, eine Firmenjubiläumsrede zu schreiben, mit der Sie sich von Ihrer zukünftigen beruflichen Position verabschieden, um in Ihren wohlverdienten Ruhestand zu gehen. Diese vielleicht etwas ungewöhnliche Übung wird Ihnen helfen, sich auf das Wesentliche zu konzentrieren und Ihre Grundmotive noch einmal zu hinterfragen, zu überprüfen, zu korrigieren oder zu ergänzen. Nehmen Sie sich für diese Übung ausreichend Zeit. Beginnen Sie wieder mit der Sammlung der Gedanken, die Ihnen als Erstes in den Sinn kommen, und formulieren Sie nach weiterem Überdenken Ihre Abschiedsrede.

3.3 Meine Abschiedsrede: »Was bleibt zurück?«

Bitte versetzen Sie sich so weit in die Zukunft hinein, dass Sie sich kurz vor Ihrem gewünschten Ruhestand befinden. Stellen Sie sich nun vor, dass alles, was von heute bis zu diesem Zeitpunkt stattgefunden hat, so war, wie Sie es sich erträumt hatten. Stellen Sie sich die entscheidende Frage: Wenn ein Scheitern ausgeschlossen wäre, was hätten Sie getan, erreicht, geschaffen, und worauf können Sie zurückblicken?

SCHRITT 3: WOFÜR KANN ICH MICH BEGEISTERN?

Nun möchten Sie sich mit einer Rede von Ihren Partnern, Kollegen und Kunden verabschieden. Formulieren Sie diese jetzt, und lassen Sie sich dabei von folgenden Fragen leiten:

1. Was bleibt zurück, wenn Sie gegangen sind?
2. Welche Spuren werden Sie hinterlassen?
3. Welchen Beitrag haben Sie geleistet, was haben Sie erreicht?
4. Wofür sind Sie bekannt und populär geworden?
5. Wie sprechen Ihre Partner, Kollegen und Kunden über Sie?

Haben Sie Ihre Abschiedsrede formuliert? Sehr gut. Dann prüfen Sie doch bitte einmal, ob Sie das Gefühl haben, vollkommen eins mit der darin beschriebenen Situation zu sein. Dazu hilft Ihnen folgende Übung:

Lesen Sie Ihre Rede noch einmal durch und stellen Sie sich die Situation in Ihren Gedanken genau vor: Was sehen Sie, wo sind Sie, wie sieht es dort aus, wer lacht Ihnen zu, wer gratuliert, wer dankt Ihnen, wofür, wonach riecht es, wonach schmeckt es, was fühlen Sie, was hören Sie, was sagen die Menschen zu Ihnen, wie geht es Ihnen dabei...? Erfüllt diese Vorstellung Sie mit Glück und guten Gefühlen? Wenn ja, dann ist Ihre Rede fertig. Falls nein, tauchen Sie bitte noch einmal ein und überarbeiten Sie Ihre Rede so lange, bis Sie in Ihrer Vorstellung Zufriedenheit und Erfüllung spüren. Denken Sie daran, zu idealisieren und sich eine Situation – ungeachtet ihrer Realisierung – zu erträumen. Ein Scheitern ist ausgeschlossen!

Wenn Ihre Rede fertig ist und Sie die in Ihrer Vorstellung durchlebt haben, dann haben Sie bestimmt auch gemerkt, welche Faktoren Ihr Herz höher schlagen lassen und wie Ihre tatsächlichen Wünsche aussehen. Diese wichtigen Bedürfnisse und Grundmotive sollten Sie abschließend noch einmal explizit festhalten.

3.4 Was brauche ich, um glücklich und zufrieden zu sein?

Bitte resümieren Sie die vorangegangenen Übungen. Extrahieren Sie aus Ihrer Rede die Grundmotive. Listen Sie dazu nachfolgend alle Dinge auf, die Sie in Ihrer Vorstellung emotional berührt haben, die Gefühle der Erfüllung bei Ihnen auslösten und auf die Sie stolz waren. Ergänzen Sie die Liste um die in den vorherigen Übungen identifizierten Bedürfnisse und Motive.

Meine Interessen und Leidenschaften

Interessen und Leidenschaften, die Sie haben, wirken und motivieren Sie intrinsisch, d. h. von innen heraus. Es bedarf keiner Person, die Sie anspornt, damit Sie sich damit auseinandersetzen, etwas dazuzulernen oder Ihre kostbare Zeit zu opfern. Wenn Sie an etwas Interesse haben, dann machen Sie damit verbundene Dinge gerne, mit Liebe, freiwillig und meist mit vollem Eifer und Elan. Wenn Sie Ihren Interessen nachgehen, dann haben Sie Spaß daran, erfreuen sich an derlei Tätigkeiten und gehen darin vollkommen auf. Sie befinden sich im bereits erwähnten »Flow«.

Wäre es nicht erstrebenswert, wenn wir einer beruflichen Tätigkeit nachgehen könnten, die eben diesen »Flow«, diese Freude an dem, was wir tun, hervorruft? »Na klar«, werden Sie sagen, »nur wie soll ich damit genug Geld verdienen?« Und genau hier haben wir die Brücke zu Ihren Bedürfnissen geschlagen. Im vorangegangenen Teil haben Sie Ihre Anforderungen und Bedürfnisse sowie die diesen zugrunde liegenden Motive definiert und damit klargemacht, was Sie für ein glückliches, erfülltes Berufsleben wirklich benötigen. Jetzt geht es um den Weg dorthin – Ihre zukünftige berufliche Ausrichtung. Und die sollte nicht unwesentlich von Ihren Interessen und Leidenschaften geleitet werden.

Was für Interessen haben Sie also? Fallen Ihnen spontan keine ein, dann überlegen Sie sich bitte, ob nicht genau dieses Defizit mitverantwortlich für Ihre Unzufriedenheit ist. In jedem von uns schlummern Leidenschaften, die wir ausleben wollen. Nur manchmal unterdrücken wir sie, teilweise so stark, dass sie in Vergessenheit geraten. Überlegen Sie: Fällt Ihnen wirklich keine Leidenschaft oder kein Interesse für ein bestimmtes Thema ein? Üben Sie auch kein Hobby aus, das Ihnen Spaß macht? Dann denken Sie bitte einmal darüber nach, was Sie in Ihrem bisherigen Leben einmalig oder immer wieder in eine besonders gute Stimmung versetzt hat. Fragen Sie sich auch, was Sie schon immer mal ausprobieren wollten? Was motiviert Sie, was spornt Sie an? Worüber würden Sie gerne einmal mehr erfahren? Was würden Sie gerne können oder erlernen?

Kommen wir nun zu der nächsten Übung und der Frage nach Ihren Leidenschaften.

3.5 Welche Leidenschaften habe ich?

Bitte beantworten Sie die folgenden Fragen wieder in zwei Schritten. Notieren Sie als Erstes das, was Ihnen spontan dazu einfällt. Nehmen Sie sich anschließend die Zeit, Ihre intuitiven Gedanken zu detaillieren, indem Sie fragen, was genau Sie daran reizt oder interessiert und warum dies der Fall ist.

1. Welche Leidenschaft(en) haben Sie? Womit beschäftigen Sie sich besonders gerne? Was machen Sie in Ihrer Freizeit?

2. Was genau begeistert Sie an Ihren Leidenschaften? Was macht Ihnen besonders viel Spaß und Freude? Warum?

3. Was würde Ihr Umfeld (Kollegen, Freunde, Eltern etc.) sagen, welche Leidenschaften Sie hätten? Fragen Sie doch einmal direkt danach.

4. Welche Themen diskutieren Sie häufig? Worüber können Sie sich auslassen? Wofür entwickeln Sie besonders starke Gefühle? Warum?

Die Fokussierung auf Ihre Leidenschaften ist deshalb wichtig, weil es sich hierbei um besonders stark ausgeprägte Interessen handelt, die in der Regel über viele Jahre – wenn nicht für ein ganzes Leben – bestehen bleiben.

Um Leidenschaften von flüchtigen Interessen zu unterscheiden, ist die Frage 2 der letzten Übung wichtig. Hier finden Sie heraus, welches das diesen zugrundeliegende Motiv ist und warum eine Leidenschaft Sie auch emotional bindet. Echte Leidenschaften und besonders starke Interessen bedingen in der Regel, dass man wissbegierig alle Informationen »aufsaugt«, die einem dazu begegnen: Man bildet sich freiwillig fort. Man will besser werden, mehr wissen, Neues erfahren, auf dem Laufenden bleiben, sich mit anderen dazu austauschen usw. Häufig entwickelt man sich so zu einem Experten auf dem Feld der jeweiligen Leidenschaft. Die folgenden Fragen dienen nun dazu, Ihre Leidenschaften und Interessen dahingehend noch einmal zu überprüfen.

3.6 Welche Bereiche sind mir so wichtig, dass ich immer besser werden will?

Bitte beantworten Sie die folgenden Fragen im Hinblick auf eine Übereinstimmung mit Ihren genannten Leidenschaften.

1. In welchen Themenbereichen bilden Sie sich aktiv und freiwillig in Ihrer Freizeit fort. Zu welchen Themen recherchieren Sie im Internet, in Zeitschriften, Bücher etc.? Besuchen Sie bestimmte Vorträge oder Seminare? Worüber tauschen Sie sich gerne aus? Auf welchem Gebiet sind Sie Experte?

2. Ist das Gebiet, in dem Sie sich fortbilden, auch das, was Ihnen besonders viel Spaß macht und worin Sie gut sind? Oder versuchen Sie eher, dadurch Defizite auszugleichen? Welche Motive haben Sie für die Fortbildung?

Gerade die letzte Übung hilft einem, die eigenen stark ausgeprägten Interessen herauszufinden. Wenn Sie sich freiwillig die Zeit dafür nehmen, sich immer wieder in einem bestimmten Thema fortzubilden, sei es über Bücher, Magazine, Kurse, Internetrecherchen etc., dann ist dies ein gutes Indiz für ein großes Interesse bzw. eine Leidenschaft, die Sie haben.

Die zweite Frage der letzten Übung beschäftigt sich aber bewusst noch einmal mit den Ihren Wünschen und Bedürfnissen zugrunde liegenden Motiven. Sollten Sie hierbei geantwortet haben, dass Sie versuchen, ein Defizit auszugleichen, dann fragen Sie sich bitte, für wen Sie das tun. Ist es wirklich Ihr eigener Wunsch, in dem bestimmten Thema besser zu werden? Oder sind es ggf. andere, die Sie dazu bewegen? Bedenken Sie, dass es in diesem Kapitel ausschließlich um Ihre Wünsche, Bedürfnisse, Leidenschaften und Interessen geht. Deshalb machen Sie sich frei von Forderungen, die andere an Sie stellen. Sollte Letzteres zutreffen, dann widmen Sie sich bitte noch einmal den letzten beiden Übungen und beantworten Sie die Fragen ausschließlich aus Ihrer Sicht. Welches Thema ist Ihr Thema?

Nachdem Sie Ihre Antworten durchdacht und hinterfragt haben, resümieren Sie bitte Ihre Ergebnisse als Abschluss dieses Kapitels.

3.7 Was begeistert mich?

Bitte fassen Sie nachfolgend noch einmal Ihre Leidenschaften, für die Sie brennen, in denen Sie sich freiwillig fortbilden und worin Sie Erfüllung und Befriedigung finden, zusammen.

SCHRITT 3: WOFÜR KANN ICH MICH BEGEISTERN?

Schritt 4: Was für ein Typ bin ich?

> »A man is a success
> if he gets up in the morning and gets to bed at night
> and in between he does what he wants to do.«
>
> Bob Dylan, US-amerikanischer Musiker, Dichter und Maler

Nachdem wir uns nun mit Ihren Leidenschaften und Bedürfnissen sowie Ihren Stärken, Schwächen, Talenten und Kompetenzen auseinandergesetzt haben, geht es jetzt darum, dass Sie sich Ihrer individuellen Eigenschaften und Einstellungen bewusst werden. Welcher Typ sind Sie, was macht Sie besonders, wie würde man Sie beschreiben…? Antworten auf diese Fragen und damit ein Bewusstsein der eigenen Charaktereigenschaften sind essenziell, da wir nicht nur herausfinden wollen, was Ihnen wirklich liegt und Freude bereitet, sondern wie Ihr Umfeld gestaltet sein muss, damit Sie sich wohlfühlen. Sind Sie beispielsweise eher ein Konzernmensch, der die klaren Hierarchien, Prozesse und Strukturen eines Großunternehmens zu schätzen weiß? Wären Sie am liebsten selbstständig und nur für sich selbst verantwortlich und weisungsungebunden? Sind Sie eher ein Teamplayer oder ein Einzelgänger? Wollen Sie gerne Mitarbeiter führen und – falls ja – auch für sie verantwortlich sein? Welche Unternehmenskultur sagt Ihnen zu? Präferieren Sie ein schnelles, flexibles und sich ständig veränderndes Umfeld oder eher stetige, planbare und langfristige Rahmenbedingungen?

Wer und wie bin ich?

Daraus ergibt es sich, dass zur richtigen Tätigkeit auch das richtige Umfeld gehört, um beruflich Erfüllung und Zufriedenheit zu finden. Welche Rahmenbedingungen für Sie geeignet sind, hängt von Ihrem Charakter, Ihren Eigenschaften und Einstellungen ab. Beginnen wir also mit der nächsten Übung, die sich mit Ihrer Sicht auf Ihr Umfeld und Ihre Lebensanschauung befasst. Möglicherweise empfinden Sie die kommenden Fragen als schwierig. Dann empfehle ich Ihnen, zuerst mit der intuitiven Sammlung von Begriffen zu beginnen, die für Sie charakteristisch sind, die Ihnen im Leben wichtig sind und Ihnen Halt geben. Anschließend fahren Sie mit der Übung fort.

4.1 Wie lautet meine Lebensphilosophie?

Haben Sie eine Lebensphilosophie, ein Motto, einen Slogan oder bestimme Prinzipien, die Ihr Leben leiten und an denen Sie sich orientieren? Bitte denken Sie darüber nach und nutzen Sie die folgenden Fragen, um Ihre Lebensphilosophie zu formulieren.

1. Wie lautet Ihre Lebensphilosophie? Sollte Ihnen spontan nichts einfallen, dann stellen Sie sich bitte vor, Sie wären eine Marke und hätten einen Slogan. Denken Sie an Beispiele aus der Werbung, wie Adidas mit »Impossible is Nothing« oder Apple mit »Think different«. Wie würde Ihr Slogan lauten? Welchen Prinzipien sind Sie treu? Was ist für Sie typisch? Was macht Sie besonders oder anders? Woran orientieren Sie sich im Leben?

2. Warum trifft Ihre Lebensphilosophie bzw. Ihr Slogan auf Sie zu? Bitte beschreiben Sie die gemeinsamen Eigenschaften, die Sie und Ihre Lebensphilosophie verkörpern.

3. Welche Lebensphilosophie bzw. welchen Slogan würden Sie Ihrem Elternhaus bzw. Ihrer Familie attestieren und trifft dies auch auf Sie zu?

Ein Slogan oder eine Lebensphilosophie beschreibt häufig wie eine Metapher die Charaktereigenschaften, die uns kennzeichnen, die für uns wichtig sind und nach denen wir leben. Um dies zu vertiefen, machen wir direkt weiter mit der nächsten Übung, in der wir diese Eigenschaften noch einmal im Einzelnen identifizieren.

4.2 Welche Eigenschaften machen mich aus?

Bitte lesen Sie erst alle fünf Fragen durch. Denken Sie dann über Situationen in Ihrem Leben nach, die Ihnen spontan einfallen, und beantworten Sie anschließend der Reihe nach die Fragen.

1. Mit welchen fünf Begriffen würden Sie sich am besten beschreiben?

    1.   4.
    2.   5.
    3.

2. In welchen Lebenssituationen wurden diese Eigenschaften bisher besonders deutlich? Bitte machen Sie sich drei solcher Situationen bewusst.

    1.
    2.
    3.

3. Bitte denken Sie an die Menschen in Ihrem Umfeld (Chef, Kollegen, Freunde, Familie, Lehrer etc.). Wie würden diese Sie charakterisieren?

4. Welche drei Charakterzüge bedeuten Ihnen sowohl an sich selbst als auch im menschlichen Miteinander besonders viel? Warum?
   1.
   2.
   3.

5. Welche Eigenschaften hätte eine Person, die das genaue Gegenteil von Ihnen ist? Wie wäre deren Charakter, deren Verhalten, deren Auftreten etc.?

Wenn Sie mit Ihrer derzeitigen beruflichen Situation unzufrieden sind, dann fragen Sie sich bitte einmal, wie stark die von Ihnen als wichtig empfundenen Eigenschaften dort »gelebt« werden. Erachtet man in Ihrem Arbeitsumfeld die gleichen Dinge für wichtig wie Sie, oder dominiert ein anderer Stil mit anderen Schwerpunkten? Bevor wir dies weiter bewerten, lohnt sich noch der Blick auf die Herkunft und Prägung der Eigenschaften, die Sie als Person ausmachen.

Wir alle haben im Laufe unseres Lebens sogenannte Glaubenssätze angenommen bzw. gebildet, deren Inhalt wir für richtig halten und darauf basierend Situationen einschätzen. Und genau hier liegen Risiko und Chance dicht beieinander. Während Ihre Glaubenssätze Ihnen einerseits Halt und Orientierung geben, schränken Sie andererseits Ihren Handlungsspielraum und Ihre Perspektive (unnötig) ein. Deshalb ist es wichtig, dass Sie Ihre

Glaubenssätze erkennen und hinterfragen lernen, und zwar dahingehend, ob sie gerade nützlich oder behindernd für Sie sind.

In der vorangegangenen Übung haben Sie bereits erarbeitet, wie Sie sich selbst einschätzen. Auch haben Sie dies aus einer anderen Perspektive, z. B. aus der Ihrer Eltern, beantwortet. Letzteres geht nur, wenn Sie sich an konkrete Dialoge und Situationen mit Ihren Mitmenschen erinnern und daraus deren Meinung über Sie erschließen bzw. eine solche als direktes Feedback erhalten haben. Glauben Sie oder wissen Sie, wie Sie sind und wahrgenommen werden? Woher wissen Sie das so genau? Könnte alles auch ganz anders sein?

In der nächsten Übung schauen wir uns deshalb noch einmal intensiver die Herkunft und Entstehung Ihrer Glaubenssätze, Ihrer Eigenschaften und Einstellungen an. In diesem Zusammenhang ist auch die Betrachtung der an Sie gestellten Erwartungen sinnvoll: sowohl jener Forderungen, die Sie an sich selbst stellen, als auch solcher, die andere an Sie stellen. Insbesondere bei Letzteren neigen wir dazu, von alten Glaubenssätzen und Erfahrungen Gebrauch zu machen, ohne diese zu hinterfragen. Tun Sie dies nun einmal ganz bewusst und ausführlich.

4.3 Was glaube ich? Was weiß ich?

Bitte bearbeiten Sie die folgenden Fragen der Reihe nach, und hinterfragen Sie Ihre Antworten anschließend dahingehend, ob Sie eher glauben, dass es sich so verhält, oder ob Sie es aufgrund konkreter Fakten genau wissen.

1. Was glauben Sie bzw. was wissen Sie darüber, wie Sie zu dem wurden, der Sie heute sind? Welche entscheidenden Ereignisse, Personen etc. haben Sie geprägt?

2. Was glauben Sie bzw. was wissen Sie darüber, welche Eigenschaften beruflich von Ihnen erwartet werden? Denken Sie z. B. an Ihren Chef, Ihre Kollegen, Kunden oder Zulieferer.

3. Was erwarten Sie von sich selbst? Was zählt für Sie? Was wollen Sie, und warum wollen Sie es? Was müssen Sie, und warum müssen Sie es?

4. Wer ist Ihr größtes Vorbild, und aufgrund welcher Eigenschaften dieser Person schauen Sie zu ihr auf?

Nachdem Sie die Frage nach Ihrem größten Vorbild beantwortet haben, empfehle ich Ihnen, sich auch einmal über das Gegenteil Gedanken zu machen. Dadurch können Sie genau abgrenzen, wer oder wie Sie eben nicht sind oder sein wollen. Bitte beantworten Sie für sich jetzt einmal die Frage, welche Person Sie auf keinen Fall sein wollen und wegen welcher Eigenschaften dieser Person das so ist.

Die vorherige Frage 2 der letzten Übung nach der Erwartungshaltung Ihres beruflichen Umfelds hat ebenfalls ein ganz bestimmtes Ziel: Wir neigen besonders häufig aufgrund von alten Glaubenssätzen, z. B. aus der Ausbildungszeit oder früheren beruflichen Stationen, dazu, Annahmen zu treffen, die möglicherweise nicht mehr gültig sind. Daher ist eine Überprüfung durch Fakten oder das Einholen von Feedback sehr wichtig. Nur dann kann auch festgestellt werden, ob es ein Ungleichgewicht zwischen den tatsächlichen Erwartungen, Ihrer Wahrnehmung und Ihren Charaktereigenschaften gibt.

In diesem Zusammenhang möchte ich Ihnen mit der nächsten Übung verdeutlichen, wie sich Ihre Charaktereigenschaften beruflich einordnen lassen. Der englische Experte auf dem Gebiet der Team- und Führungsentwicklung, Dr. Meredith Belbin, ging davon aus, dass das Persönlichkeitsprofil eines Menschen auf unterschiedlich stark ausgeprägten Eigenschaften beruht. Er identifizierte insgesamt neun verschiedene Rollen, die sich aus einzelnen Verhaltensmustern ergaben. Diese unterschiedlichen Rollen sind gut dafür geeignet, sich ein Bild von dem eigenen beruflichen Persönlichkeitsprofil zu machen.

Stellen Sie sich dazu im ersten Schritt nun in Gedanken einmal Ihren Idealberuf vor. In welchem der folgenden Persönlichkeitsprofile fühlen Sie sich am wohlsten? Welche Profile würden Sie am liebsten ausfüllen? In einem zweiten Schritt denken Sie bitte darüber nach, wie Ihr Umfeld Sie einordnen würde. Fragen Sie hierzu eine Vertrauensperson, welche der folgenden Profile auf Sie am ehesten zuträfen.

4.4 Welches Profil entspricht mir am meisten?

Bitte bringen Sie die nachfolgend genannten Persönlichkeitsprofile[2] in eine Reihenfolge, beginnend mit dem Profil, das aus Ihrer Sicht am ehesten auf Sie zutrifft. Bitten Sie anschließend auch eine Vertrauensperson, die Sie gut kennt, unabhängig von Ihnen eine Reihenfolge für Sie zu bilden.

Koordinator	ist zielorientiert und diszipliniert; ist extrovertiert und selbstsicher; ist effizient; ist beständig und vertrauenswürdig; fördert Entscheidungsprozesse; kontrolliert und organisiert Gruppenaktivitäten; macht Vorgaben; delegiert gerne; kann manipulierend wirken;
Macher	ist dynamisch; arbeitet gut unter Druck; hat Antrieb und Mut, Schwierigkeiten zu überwinden; neigt zu Provokationen; nimmt zu wenig Rücksicht auf die Gefühle anderer; ist besorgt und leicht frustriert; ist ungeduldig, dominant, extrovertiert und impulsiv;
Erfinder	bringt neue Ideen und Strategien ein; sucht nach Lösungen; ist kreativ und fantasievoll; besitzt ausgeprägte Problemlösungsfähigkeiten; denkt eher unorthodox; ist dominant, aber eher introvertiert; tendiert zur Konzentration auf persönliche Interessengebiete; ist oft gedankenverloren;

---

[2] Vgl. BELBIN, Meredith: *Team Role Theory*. URL http://www.belbin.com/rte.asp?id=8, Stand: 09.10.2011.

Beobachter	untersucht Ideen und Vorschläge auf ihre Machbarkeit und ihren praktischen Nutzen für die Ziele des Teams; ist nüchtern, strategisch, kritisch; berücksichtigt alle Optionen; besitzt ein gutes Urteilsvermögen; ist eher introvertiert; ist seriös, zuverlässig, objektiv; hat nur geringen Antrieb; ist manchmal uninspiriert;
Umsetzer	setzt allgemeine Konzepte und Ideen in praktikable Arbeitspläne und Aktionen um und führt diese systematisch aus; ist diszipliniert, verlässlich, konservativ, effizient; ist kontrolliert und aufrichtig; ist eher unflexibel und reagiert verzögert auf Neues;
Mitspieler	verbessert Kommunikation und Teamgeist; baut Reibungsverluste ab; ist kooperativ und diplomatisch; ist sanft und einfühlsam; hört zu; baut Spannungen ab; ist beständig, extrovertiert, wenig dominant; ist in kritischen Situationen manchmal unentschlossen;
Wegbereiter	entwickelt nützliche Kontakte; ist extrovertiert, enthusiastisch, kommunikativ; findet neue Optionen; ist dominant und beständig; ist oft zu optimistisch; verliert leicht das Interesse, nachdem sich der erste Enthusiasmus gelegt hat;
Perfektionist	findet und vermeidet Fehler und Versäumnisse; stellt optimale Ergebnisse sicher; ist sorgfältig und gewissenhaft; hält Fristen ein; ist introvertiert und weniger selbstbewusst; ist manchmal übervorsichtig; delegiert eher ungern;

| Spezialist | liefert Fachwissen, Hintergrundwissen und Detailinformationen; ist Experte in seinem Gebiet; ist selbstbezogen und dominant; ist engagiert; nur Fachwissen zählt; verliert sich manchmal in (technischen) Details; |

Reihenfolge:
Welches Profil trifft auf mich am meisten zu?

        Selbsteinschätzung   Fremdeinschätzung

1.
2.
3.
4.
5.
6.
7.
8.
9.

Nachdem Sie diese Übung gemacht haben, sind vielleicht ein paar unterschiedliche Einschätzungen bei Ihnen und Ihrer Vertrauensperson aufgetaucht. Bitte versuchen Sie, im gemeinsamen Gespräch etwaige Unterschiede zu ergründen. Fragen Sie diese Person nach einer Begründung ihrer Einschätzung. Lassen Sie sich Beispielsituationen nennen, in denen Ihre Vertrauensperson Sie erlebt hat. Hierbei werden Sie sicherlich interessante neue Erkenntnisse darüber gewinnen, wie Sie auf andere Menschen wirken.

Belbin ordnet die Profile zudem drei Gruppen zu:
1. handlungsorientiert: Macher, Umsetzer, Perfektionist
2. kommunikationsorientiert: Koordinator, Mitspieler, Wegbereiter
3. wissensorientiert: Erfinder, Beobachter, Spezialist

Mit welcher Gruppe haben Sie die größten Gemeinsamkeiten? Bitte beachten Sie: Keine ist besser oder schlechter als die andere, jedoch gibt die Zuordnung Aufschluss über berufliche Tätigkeiten, für die Sie mehr oder weniger geeignet sein mögen. Nehmen wir exemplarisch den Beruf der Unternehmensberatung. Ein Berater, der tendenziell eher wissensorientiert ist, würde sich mit einer konzeptionellen Rolle deutlich wohler fühlen als in einer Projektmanagerrolle. Ihn würde es eher interessieren, wie ein Plan aussehen müsste, um ein Problem zu lösen, und weniger, den Plan dann auch umzusetzen.

Bitte denken Sie nun über die drei Profile nach, die am meisten auf Sie zutreffen. Wie passt Ihre bisherige berufliche Tätigkeit oder die, die Sie anstreben, zu diesen Profilen? Herrscht hier Deckungsgleichheit, oder gibt es Unterschiede? Ihre zukünftige berufliche Orientierung sollte Ihre Profile möglichst gut abdecken.

Meine Werte und Prinzipien

Sie haben sich nun intensiv mit sich selbst und Ihren Charaktereigenschaften auseinandergesetzt. Jetzt haben Sie eine gute Basis, um sich mit Ihren Werten, Ihrer beruflichen Vision und den daraus resultierenden Zielen zu befassen. Hierbei gilt auch genau diese Reihenfolge, denn ohne Werte wäre eine Vision unklar, und ohne Vision gäbe es keine Ziele, ohne Ziele keine Perspektive und ohne Perspektive kein Ergebnis. Wie Brian Tracy in seinem Buch »Maximum Prinzip« richtig formuliert: »Ohne Werte, Visionen und Ziele bleibt alle Anstrengung vergeblich. Solange ich kein Ziel habe, weiß ich nicht, worauf ich meine Kräfte richten soll. Nur wenn ich weiß, was ich will, entdecke ich, was ich brauche – sonst ist alles andere beliebig.« Wir müssen also nicht nur herausfinden, welches Ihre Werte, Visionen und Ziele sind, sondern ebenso sicherstellen, dass diese aufeinander aufbauen. Genauso verhält es sich im Übrigen mit der Zeit, die einem zur Verfügung steht. Grundsätzlich gilt hier: Zeit hat man nicht, sondern man nimmt sie sich. Und wofür man sich Zeit nimmt, sollte anhand von Wichtigkeit und Dringlichkeit entschieden werden. Was für einen aber wichtig und dringlich ist, kann man nur beurteilen, wenn man die eigenen Werte kennt, weiß wohin man will und welche Ziele man erreichen möchte.

Beginnen wir mit dem ersten Begriff: Mit Ihren eigenen innersten und wichtigsten Werten im Einklang zu leben, ist ein wesentlicher Erfolgsfaktor für ein erfülltes und zufriedenstellendes Leben. Befinden Sie sich hingegen in einem beruflichen Umfeld, in dem andere Werte vertreten und gelebt werden und wo diese womöglich die Ihrigen konterkarieren, dann werden Sie nur schwer Erfüllung und Zufriedenheit finden. Dann werden Sie täglich externen Anforderungen gerecht werden müssen, anstatt selbstbestimmt agieren zu können. Die zentrale Frage ist also:

Welche Werte sind Ihnen wichtig, und was muss sich ändern, damit Sie ein wertkonformes Berufsleben führen können.

Ich bitte Sie nun, die Werte, Tugenden, Eigenschaften und Charakterzüge, die Ihnen beruflich besonders wichtig sind, zu identifizieren und in eine Rangfolge zu bringen. Nachfolgend finden Sie hierzu eine Auflistung verschiedener Werte, die Sie gerne um weitere, Ihnen wichtig erscheinende ergänzen können. Die Frage, die Sie sich bei der Durchsicht stellen sollten, ist:

Welche der genannten Werte sind für mich persönlich von besonders großer Bedeutung?

Übergehen Sie Werte, die Sie nicht direkt bereits beim Lesen »berühren«. Wählen Sie nur die aus, die Ihnen wirklich wichtig sind. Sie werden bemerken, dass viele der aufgezählten Werte für Sie keine große Bedeutung haben. Von anderen hingegen werden Sie förmlich emotional »gepackt« sein, weil diese Sie als Person widerspiegeln. Auf diese Werte sollten Sie sich konzentrieren.

4.5 Welche Werte sind mir wichtig?

Bitte gehen Sie die folgende Auflistung von Werten durch. Nur wenn Ihnen einer der Werte wichtig erscheint, ordnen Sie ihm bitte einen der folgenden Ränge zu. Sonst übergehen Sie ihn.

1 für: Dieser Wert ist für mich wichtig.

2 für: Dieser Wert ist für mich sehr wichtig und darf nur in Ausnahmenfällen nicht erfüllt sein.

3 für: Dieser Wert ist für mich unverzichtbar wichtig und sollte immer erfüllt sein.

Schritt 4: Was für ein Typ bin ich?

Werte	Rang	Werte	Rang
Einsamkeit		Verantwortlichkeit	
Verspieltheit		Lässigkeit	
Frechheit		Erfolg	
Intuition		Liebenswürdigkeit	
Freude		Einsichtigkeit	
Eigenverantwortung		Loslassen	
Korrektheit		Ausdauer	
Strebsamkeit		finanzielle Freiheit	
Tradition		Brillanz	
Dreistigkeit		Kontrolle	
Ästhetik		Bewusstheit	
Professionalität		Dynamik	
Vollendung		Praxisnähe	
Sicherheit		Entspannung	
Fairness		Anziehungskraft	
Sorgfalt		Gerechtigkeit	
Leben		Nähe	
Bestätigung		Wohlstand	
Disziplin		Bescheidenheit	
Mäßigung		Hingabe	
Reichtum		Wissensdurst	
Individualismus		Urteilsfähigkeit	
Hoffnung		Effektivität	
Loyalität		Moral	
Echtheit		Zuneigung	
Erziehung		Führung	
Befriedigung		Exzellenz	
Komfort		Solidarität	
Vorurteilslosigkeit		Treue	
Überfluss		Ehrgeiz	
Aufgeschlossenheit		Selbstbewusstsein	
Perfektion		Vielfalt	
Aggressivität		Dazugehörigkeit	
Selbstverwirklichung		Ernsthaftigkeit	
Ernährung		Selbstlosigkeit	
Überraschung		Herkunft	
Sinngebung		Synergie	
Unabhängigkeit		Pünktlichkeit	
Eigentümlichkeit		Erfüllung	
Fortschritt		Ausdrucksfähigkeit	

Werte	Rang	Werte	Rang
Höflichkeit		Vertrauenswürdigkeit	
Akzeptanz		Energie	
Toleranz		Sensibilität	
Vielseitigkeit		Frieden	
Selbstdisziplin		Optimismus	
Status		Vorstellungskraft	
Leitung		Großzügigkeit	
Haltung		Achtsamkeit	
Fleiß		Kooperation	
Schönheit		Unterhaltung	
Erholung		Tapferkeit	
Fitness		Intensität	
Vorfreude		Politik	
Ruhm		Verlässlichkeit	
Ehre		Mündigkeit	
Wildheit		Unparteilichkeit	
Kompetenz		Karriere	
Versöhnlichkeit		Gewaltfreiheit	
Anpassungsfähigkeit		Anerkennung	
Abgeklärtheit		Extravaganz	
Aufopferung		Freundschaft	
Hygiene		Offenheit	
Weitsicht		Ausgelassenheit	
Gelassenheit		Einsatzbereitschaft	
Genauigkeit		Verbissenheit	
Entwicklung		Wachstum	
Sympathie		Selbstgenügsamkeit	
Erfindungsreichtum		Eleganz	
Klugheit		Vernunft	
Motivation		Güte	
Zeitlosigkeit		Umgänglichkeit	
Beharrlichkeit		Lebhaftigkeit	
Expertise		Genuss	
Kühnheit		Unerschütterlichkeit	
Unterstützung		Romantik	
Ausbildung		Authentizität	
Beziehungen		Geselligkeit	
Charme		Gastfreundschaft	
Tiefe		Stille	
Frömmigkeit		Gleichberechtigung	

Werte	Rang	Werte	Rang
Überlegenheit		Ruhe	
Begierde		Spiritualität	
Freiheit		Aufregung	
Gründlichkeit		Hartnäckigkeit	
Leidenschaft		Lebensqualität	
Selbstständigkeit		Autonomie	
Nützlichkeit		Ausgeglichenheit	
Faszination		Beschaulichkeit	
Diskretion		Rücksichtnahme	
Kreativität		Aufrichtigkeit	
Empathie		Dankbarkeit	
Gesundheit		Glanz	
Tüchtigkeit		Taktgefühl	
Risikobereitschaft		Teamwork	
Umweltbewusstsein		Ganzheitlichkeit	
Humor		Effizienz	
Harmonie		Überzeugung	
Sportsgeist		Durchsetzungskraft	
Struktur		Natürlichkeit	
Freizügigkeit		Kundendienst	
Angemessenheit		Direktheit	
Selbstreflexion		Zufriedenheit	
Organisation		Zuwendung	
Vergnügen		Liebe	
Herzlichkeit		Nachdenklichkeit	
Unternehmungslust		Neugier	
Arbeit		Schlauheit	
Ehrlichkeit		Mitgefühl	
Ehrfurcht		Idealismus	
Stil		Einfühlungsvermögen	
Antrieb		Milde	
Sauberkeit		Besitzstreben	
Gnade		Sanftheit	
Leistung		Achtung	
Albernheit		Vorsatz	
Privatsphäre		Willensstärke	
Bissigkeit		Proaktivität	
Ordnung		Abwechslung	
Wirtschaftlichkeit		Flexibilität	
Geschwindigkeit		Innovation	

Werte	Rang	Werte	Rang
Enthusiasmus		Geben	
Gemütlichkeit		Macht	
Berühmtheit		Kameradschaft	
Zuversicht		Anständigkeit	
Glaubensfreiheit		Mode	
Religiösität		Bewegung	
Lebenskraft		Sinnlichkeit	
Wohlbefinden		Visionär	
Erfahrung		Bestleistung	
Entscheidungskraft		Wahrhaftigkeit	
Geborgenheit		Geschicklichkeit	
Bindung		Zusammenarbeit	
Glaube		Demut	
Stabilität		Abenteuer	
Lust		Zweckmäßigkeit	
Potenz		Präsenz	
Verständnis		Originalität	
Versicherung		Mut	
Präzision		Enthaltsamkeit	
Ekstase		Scharfsinn	
Einheit		Herausforderung	
Eigenständigkeit		Teilen	
Heiterkeit		Befreiung	
soz. Verantwortung		Wahrheit	
Weisheit		Wortgewandtheit	
Leichtigkeit		Beständigkeit	
Widerstandsfähigkeit		Bereitwilligkeit	
Selbstbeherrschung		Sanftmut	
Pflichtgefühl		Stärke	
Hilfsbereitschaft		Eifer	
Tugend		Besonnenheit	
Klarheit		Aufmerksamkeit	
Zugehörigkeit		Glück	
Sensitivität		Figur	
Lebensstandard		Sexualität	
Partnerschaft		Gewissheit	
Kontinuität		Gerissenheit	
Spaß		Aussehen	
Geduld		Furchtlosigkeit	
Talent		Selbstvertrauen	

Schritt 4: Was für ein Typ bin ich?

Werte	Rang	Werte	Rang
Träumen		Führungsstärke	
Schnelligkeit		Beherrschung	
Strenge		Hightech	
Einmaligkeit		Erotik	
Teamfähigkeit		Lebensfreude	
Bildung		Mitbenutzung	
Beschränkung		Reichhaltigkeit	
Einzigartigkeit		Angepasstheit	
Entschlossenheit		Genügsamkeit	
Gehorsamkeit		Logik	
Fröhlichkeit		Intelligenz	
Glaubwürdigkeit		Vermögen	
Gutmütigkeit		Standfestigkeit	
Qualität		Glückseligkeit	
Neutralität		Einfallsreichtum	
Reife		Intimität	
Dominanz		Wärme	
Nächstenliebe		Freundlichkeit	
Raffinesse		Integrität	
Einfluss		Pragmatismus	
Meinungsfreiheit		Vortrefflichkeit	
Sieg		Spannung	
Bekanntheit		Lernen	
Beliebtheit		Konzentration	
Würde		Gedankenfreiheit	
Respekt		Revolution	
Anstrengung		Sparsamkeit	
Fantasie		Gewissenhaftigkeit	
Familie		Vertrauen	
Einfachheit		Selbstbestimmung	
Spontaneität		Ethik	
Unbestechlichkeit		Erhabenheit	
Realismus		Lebendigkeit	
Fokus		Aktivität	
Mitwirkung		Reinheit	
Gefühle		Inspiration	
Sinnsuche		Naturverbundenheit	
Eigentum		Begeisterung	
Wachsamkeit		Verzeihen	
Fürsorglichkeit		Vitalität	

Nachdem Sie nun die für Sie wichtigen Werte identifiziert und gewichtet haben, geht es im nächsten Schritt darum, sich darüber klar zu werden, warum diese für Sie von Bedeutung sind. Dazu wählen Sie bitte nur die Werte aus, die Sie mit »3«, also als unverzichtbar wichtig, beurteilt haben, und schreiben diese auf eine neue leere Seite. Sollten Sie weniger als zwei Werten den Rang »3« zugeordnet haben, so wählen Sie zusätzlich die mit »2« bewerteten aus.

Für die folgende Übung versetzen Sie sich bitte gedanklich in Ihre Vergangenheit und denken Sie an (berufliche) Situationen, in denen Sie vollkommen zufrieden, erfüllt und glücklich waren, und dann an solche, wo genau das Gegenteil der Fall war. Überprüfen Sie für sich, inwieweit Ihre mit »3« bzw. »2« beurteilten Werte in diesen Situationen erfüllt oder eben nicht erfüllt waren. Bringen Sie nun diese Werte erneut in eine Reihenfolge und ermitteln Sie die für Sie beruflich relevantesten drei Topwerte. Versuchen Sie zu priorisieren. Sollte Ihnen das nicht gelingen, dann stellen Sie sich die Frage, auf welche Sie am ehesten verzichten würden, wenn Sie für Ihr zukünftiges Leben nur drei auswählen dürften. Welche wären es? Schreiben Sie diese auf.

Diese absolut unverzichtbaren Werte stehen für Sie über allen anderen, und Ihre zukünftige berufliche Orientierung sollte sich ihnen unterordnen, damit Sie Erfüllung und Zufriedenheit finden. Deshalb ist es entscheidend, genau zu verstehen, warum sie einem wichtig sind, was passiert, wenn sie nicht erfüllt sind, und woran man das merkt. Wenn Sie das für sich geklärt haben, werden Sie in Zukunft ein deutlich besseres Gefühl für die Beurteilung von Situationen entwickeln und diese für sich gezielt durch die richtigen Entscheidungen verbessern können. Damit stellen Ihre Werte den Rahmen für Ihre zukünftige Neuorientierung dar – eine gute Basis für die im folgenden Kapitel zu entwickelnde Zukunftsvision.

Beginnen Sie nun also – wie oben beschrieben – mit der letzten Übung dieses Kapitels durch die Auswahl und Spezifikation Ihrer drei Topwerte.

4.6 Was ist für mich unverzichtbar wichtig?

Bitte gehen Sie jeden Ihrer drei Topwerte durch und beantworten jeweils für sich die folgenden Fragen.

1. Topwert:

Warum ist der Wert für Sie wichtig?

Was passiert mit Ihnen, wenn der Wert nicht erfüllt ist?

Woran merken Sie, dass der Wert erfüllt ist?

2. Topwert:

Warum ist der Wert für Sie wichtig?

Was passiert mit Ihnen, wenn der Wert nicht erfüllt ist?

Woran merken Sie, dass der Wert erfüllt ist?

3. Topwert:

Warum ist der Wert für Sie wichtig?

Was passiert mit Ihnen, wenn der Wert nicht erfüllt ist?

Woran merken Sie, dass der Wert erfüllt ist?

Schritt 5: Wie sieht meine Zukunftsvision aus?

»Man kann nicht in die Zukunft schauen,
aber man kann den Grund für etwas Zukünftiges legen
– denn Zukunft kann man bauen.«

Antoine de Saint-Exupéry, französischer Flieger u. Schriftsteller

Bevor man mit einer Veränderung beginnen kann, sollte man das angestrebte Ziel kennen. Denn um etwas zum Besseren zu verändern, müssen wir wissen, was für uns denn »besser« ist. Dafür haben Sie sich in den vergangenen Kapiteln selbst genauer kennen gelernt und sich mit Ihrem Veränderungswunsch, Ihren Stärken, Schwächen, Leidenschaften und Charakterzügen auseinandergesetzt. Mit der Erarbeitung der für Sie wichtigen Werte haben Sie nun zuletzt einen großen Schritt in Richtung einer erfüllenden beruflichen Zukunft getan. Die Einhaltung Ihrer Werte stellt eine Grundvoraussetzung für Zufriedenheit und Erfüllung dar und wird Ihnen Kraft und Motivation verleihen.

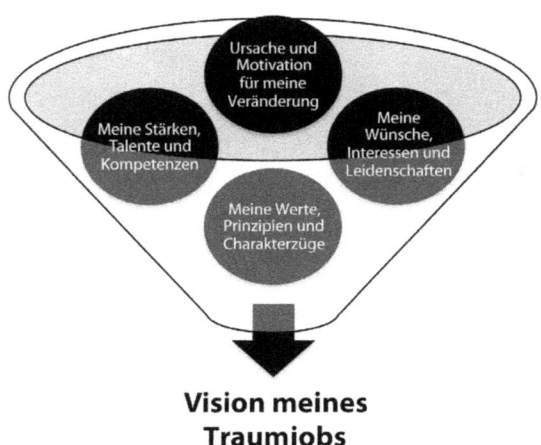

Nachdem Sie nun alle Voraussetzungen geschaffen haben, gehen Sie an die Erarbeitung Ihrer Vision, Ihres Idealbildes, das Sie sich von Ihrer beruflichen Zukunft machen. Hier laufen jetzt alle von Ihnen bisher entwickelten Ergebnisse zusammen. Bitte fahren Sie jetzt wie folgt fort: Nehmen Sie sich eine leere Seite Papier. Teilen Sie diese – wie in der Abbildung unten – in vier gleichmäßige Bereiche auf. Nun gehen Sie noch einmal anhand der unten stehenden Fragen alle Ihre zuvor entwickelten Ergebnisse durch und fassen diese schriftlich in den vier Bereichen zusammen. Formulieren Sie so »kurz und knackig«, wie Sie können. Die daraus entstehende Übersichtsseite wird zum zentralen Ausgangspunkt aller weiteren Überlegungen.

Was will ich verändern? siehe Übungen: 1.1–1.7, insb. 1.2, 1.6, 1.7	Worin bin ich besonders gut? siehe Übungen: 2.1–2.5, insb. 2.3, 2.4, 2.5
• Wie ist Ihre derzeitige Situation entstanden und was stört Sie? • Was wollen Sie in Zukunft auf jeden Fall vermeiden? • Wie lautet Ihr Veränderungswunsch und damit „Ihre Herausforderung"?	• Welche Talente besitzen Sie? • Welche Kompetenzen haben Sie? • In welchen beruflichen Bereichen und mit welchen Kompetenzen könnten Sie Ihre Talente besser einsetzen?
Wofür kann ich mich begeistern? siehe Übungen: 3.1–3.7, insb. 3.2, 3.6, 3.7	**Was bin ich für ein Typ?** siehe Übungen: 4.1–4.6, insb. 4.2, 4.4, 4.6
• Was brauchen Sie für ein zufriedenes Berufsleben? • Wofür interessieren Sie sich? • Welches ist Ihre Leidenschaft? • In welchen Bereichen sind Sie Experte? Was ist Ihr Thema?	• Welche Eigenschaften zeichnen Sie aus? • Was soll zurückbleiben, wenn Sie mal nicht mehr sind? • Welche Werte und Prinzipien sind Ihnen wichtig?

Haben Sie sich alle Ihre Antworten und Ergebnisse noch einmal verinnerlicht? Sehr gut. Ihre persönliche Übersichtsseite sollten Sie für die verbleibenden Übungen und für die spätere Umsetzung immer griffbereit haben. Lesen Sie diese ruhig immer mal wieder durch. Sei es, um sich zu motivieren, wenn Ihnen einmal etwas schwerfallen sollte, oder um sich immer wieder vor Augen zu führen, warum es wert ist, durchzuhalten und Ihre Neuorientierung voranzutreiben.

Jetzt sind Sie bereit für den nächsten Schritt: die Entwicklung Ihrer beruflichen Zukunftsvision.

Meine berufliche Vision

Wichtig für die folgenden Übungen ist eine vollkommen positive, idealisierende Grundeinstellung. Bei der Visionsentwicklung ist kein Platz für Zweifel. Es geht um Ihren persönlichen Wunsch, wie eine ideale berufliche Zukunft aussehen sollte, wenn Ihnen keinerlei Grenzen gesetzt werden und ein Scheitern ausgeschlossen ist. Haben Sie dabei aber immer Ihre Übersichtsseite vor Augen, die Ihnen helfen wird, das Richtige zu fokussieren und Ihnen bei der Visionsfindung Orientierung gibt. Also: Wie sieht Ihre Vision eines glücklichen, Sie erfüllenden Berufslebens aus? Wenn Sie alle Ihre bisherigen Ergebnisse berücksichtigen und sich einen Montagmorgen erträumen könnten: Wie wäre Ihr idealer Tag? Was würden Sie tun? Wo und mit wem würden Sie arbeiten? Worauf würden Sie sich freuen?

Es ist ratsam, sich die Vision Schritt für Schritt zu erarbeiten. Deshalb werden Sie sich in der folgenden Übung diesem Thema noch recht frei nähern, indem Sie sich von etwaigen finanziellen Verpflichtungen lösen. So kann sich Ihr Gehirn erst einmal ohne Sorge ganz auf die Inhalte einer beruflichen Wunschtätigkeit konzentrieren. Beginnen Sie jetzt mit der ersten Aufgabe zur Visionsentwicklung.

5.1 Millionär! Und jetzt?

Bitte versetzen Sie sich in folgende Situation: Sie wären auf einen Schlag finanziell vollkommen unabhängig, weil Sie 15 Millionen Euro geerbt haben. Schließen Sie nun für eine Minute die Augen und lassen Sie diese Vorstellung auf sich wirken. Beantworten Sie danach diese Fragen:

1. Wie sieht Ihr beruflicher Alltag zukünftig aus? Womit verbringen Sie Ihre Zeit?

2. Welcher Tätigkeit gehen Sie aus Lust und Laune nach und was machen Sie von nun an nicht mehr?

3. Was hat sich in Ihrem Leben geändert und wie sieht Ihr neues Leben im Detail aus? Was fühlen Sie? Was hören Sie? Was riechen und schmecken Sie?

4. Welches berufliche Abenteuer oder welches Risiko würden Sie einfach der Freude halber eingehen?

Nachdem Sie nun die o. g. Fragen beantwortet haben, schließen Sie bitte noch einmal die Augen und verweilen einen weiteren Moment in Ihrer Vorstellung. Schauen Sie sich in Gedanken noch einmal um und verinnerlichen Sie alles, was Sie dort wahrnehmen.

Im nächsten Schritt geht es darum, die Dinge, die Sie dort wahrgenommen haben und die Sie unabhängig von finanziellen Verpflichtungen als für Sie wünschenswert erachten, genauer zu fassen.

5.2 Was heißt für mich Lebensqualität?

Bitte vergleichen Sie Ihre heutige Situation mit Ihrer idealisierten Vorstellung und beantworten Sie folgende Fragen.

1. Was macht Ihr ideales berufliches Leben aus Ihrer Sicht spannender, interessanter, angenehmer, besser, spaßiger als das heutige Leben?

2. Was halten Sie für die wichtigsten Dinge, die Sie in Ihrer idealisierten Vorstellung gegenüber Ihrem heutigen Berufsleben anders machen würden, um damit eine höhere Lebensqualität zu erlangen?

3. Welchen Traum, welchen Triumph, welches Ziel haben Sie in Ihrer idealisierten Vorstellung in Angriff genommen, weil Sie wussten, dass dem nichts entgegensteht und ein Scheitern ausgeschlossen ist? Sollten Sie darüber noch nicht nachgedacht haben, dann tun Sie es jetzt.

Vielleicht haben Sie sich in den vergangenen Jahren schon einmal Gedanken zu Ihren beruflichen Zielen, Wünschen und Visionen gemacht. Nun ist es an der Zeit, diese einmal abzugleichen: Inwieweit stimmen Ihre »alten« Ziele und Wünsche mit den nun von Ihnen identifizierten Faktoren für mehr Lebensqualität überein? Welche Ihrer damaligen Visionen wollen Sie aufrechterhalten, und was ist nach erneutem Überlegen nicht mehr wichtig und wird durch andere Ziele ersetzt?

Die vorangegangenen beiden Übungen haben den Rahmen gespannt und aufgezeigt, was Sie sich beruflich im Idealfall wünschen. Nun wollen wir uns konkreter den einzelnen Elementen Ihrer beruflichen Zukunft widmen. Da es häufig schwieriger ist, genau zu sagen, was man will, möchte ich Sie nun bitten, erst einmal das Gegenteil zu tun und sich klar darüber zu werden, was Sie auf keinen Fall wollen. Bei der im ersten Kapitel formulierten Herausforderung haben Sie bereits eine Reihe von Faktoren ans Licht gebracht, die Sie vermeiden sollten, wenn Sie ein erfülltes und zufriedenstellendes Berufsleben anstreben. Die folgende Übung soll dies noch einmal verdeutlichen.

5.3 Was wäre mein beruflicher Albtraum?

Bitte gehen Sie in Gedanken den schlimmsten Arbeitsalltag durch, den Sie sich vorstellen können.

1. Wie sähen Ihr Arbeitsplatz und Ihr Unternehmen aus? Was sehen Sie? Was erleben Sie? Wie verhalten sich Ihre Kollegen, Ihr Chef, Ihre Mitarbeiter Ihnen gegenüber?

2. Welche Tätigkeiten müssten Sie ausüben? Was würde Sie stören?

Diese letzten Fragen haben zum Ziel, Ihnen noch einmal zu verdeutlichen, was Sie auf gar keinen Fall wollen. Nun können Sie daraus das ableiten, was Ihnen besonders wichtig ist, indem Sie die von Ihnen beschriebenen Zustände umkehren. Kombiniert mit den bisher erarbeiteten weiteren Faktoren auf Ihrer Übersichtsseite, wissen Sie also, was Sie sich für Ihre berufliche Zukunft wünschen und was Ihnen Erfüllung und Zufriedenheit gibt.

Damit lautet die Frage, die wir jetzt als Nächstes beantworten wollen, wie Sie sich Ihr ideales berufliches Leben vorstellen. Anders als in der noch recht freien Beschreibung vorher geht es an dieser Stelle darum, sich konkret auf die beruflichen Tätigkeiten und die Situation zu konzentrieren, die Sie für Ihre ideale Zukunft anstreben: Wie sieht Ihre Vision einer beruflichen Zukunft aus, wenn die nächsten fünf Jahre ganz nach Ihren Wünschen verliefen?

Bitte bedenken Sie, dass es an dieser Stelle immer noch um das «Was» und noch nicht um das «Wie» geht. Lassen Sie darum jegliche Zweifel an einer Umsetzbarkeit außen vor und beantworten Sie die Fragen, als sei der Erfolg Ihnen garantiert und als stünden Ihnen alle erforderlichen Mittel zur Verfügung.

5.4 Wie sieht mein Traumjob aus?

Bitte rufen Sie sich die Ergebnisse der vorangegangenen Übungen noch einmal vor Augen. Verinnerlichen Sie, was für Sie wichtig ist. Kehren Sie die Dinge um, die Sie nicht wollen. Nutzen Sie Ihre Übersichtsseite. Anschließend widmen Sie sich bitte folgenden Fragen:

1. Was ist Ihr Traumjob bzw. Ihre berufliche Wunschtätigkeit? Gibt es ein Hobby, eine Leidenschaft etc., das bzw. die Sie gern zum Beruf machen würden?

2. Wie sieht das Unternehmen aus, in dem Sie am liebsten arbeiten möchten? Welcher Branche gehört es an? Wie groß ist es? Sind Sie dort angestellt oder unternehmerisch tätig?

3. Welche Leistung, welchen Beitrag wollen Sie für Ihr Unternehmen oder Ihre Kunden erbringen? Welches Produkt oder welche Leistung werden Sie anbieten?

4. In welcher Position werden Sie arbeiten und womit werden Sie Ihre Arbeitszeit am liebsten verbringen? Wofür werden Sie Verantwortung tragen?

5. Für welche Themen werden Sie Experte sein und welche Kernkompetenzen und Fertigkeiten werden Sie beherrschen?

Die letzte Übung ist essenziell, da sie einen weiteren Baustein für Ihre zukünftige berufliche Orientierung darstellt. Deshalb sollten Sie alle Ihre Antworten intensiv hinterfragen und prüfen, warum Sie so geantwortet haben. Hierzu hilft Ihnen die Fragestellung:

»Warum will ich das eigentlich?«

Damit überprüfen Sie die Übereinstimmung Ihrer Vision mit Ihren Grundmotiven und fragen sich, ob der von Ihnen eingeschlagene Weg zu einem Sie erfüllenden und zufriedenstellenden Berufsleben führen wird oder nicht. Zur Verdeutlichung finden Sie nachfolgend ein kleines Beispiel. In dem Sie immer wieder nachfragen, gelangen Sie auf eine immer tiefere Motivebene (ME) bis zum Kern Ihrer Motivation und Vision – Ihrem eigentlichen Ziel.

Beispiel: Stellen Sie sich vor, jemand habe die Vision, ein professioneller Werbefotograf mit eigenem Fotostudio zu werden.

Frage: Warum will ich ein professioneller Fotograf mit eigenem Studio werden?
Antwort (ME1): Weil mir das Fotografieren viel Spaß macht.
Frage: Warum macht mir das Fotografieren viel Spaß?
Antwort (ME2): Weil ich mit meinen Bildern andere Menschen erfreuen kann.
Frage: Warum will ich andere Menschen erfreuen?
Antwort (ME3): Weil ich dadurch Wertschätzung für mein Talent und meine Arbeit erfahre.

Dieses Beispiel zeigt deutlich, dass das eigentliche Ziel des Fotografen nicht unbedingt in der Führung eines eigenen Werbe-Fotostudios liegt, sondern in der Wertschätzung seines fotografischen Talents durch seine Kunden. In diesem Beispielfall sollte nun überprüft werden, ob der Weg zum Ziel, nämlich als Werbefotograf mit eigenem Studio und hauptsächlich gewerblicher Kundschaft zu arbeiten, Erfüllung und Zufriedenheit bereitet. Vielleicht ist ein alternativer Weg besser geeignet, mehr Freude und Wertkonformität zu erfahren oder das Ziel schneller zu erreichen. Denkbar wäre z. B. auch eine Konzentration auf Hochzeitsfotografie oder Familienportraits.

Bevor Sie in die nächste Phase, die der Konkretisierung Ihres Angebots, gehen, machen Sie bitte die folgende Übung zur Überprüfung Ihrer beruflichen Vision. Bitte bedenken Sie, dass es nicht darum geht, besonders detaillierte oder ausgeklügelte Antworten zu geben. Folgen Sie stattdessen Ihrer Intuition und Ihrem »Bauchgefühl« – einfach dem, was Ihnen spontan einfällt.

5.5 Warum will ich das eigentlich?

Bitte gehen Sie Ihre Antworten aus der vorherigen Übung zu Ihrem Traumjob noch einmal gedanklich durch, und stellen Sie sich – wie zuvor im Beispiel – die Frage »Warum will ich das ...?«. Anschließend nehmen Sie Ihre Antworten und stellen sich erneut die Frage, warum Sie das wollen. So lange, bis Sie Ihre eigentlichen Ziele und Ihre eigentlichen Motive gefunden haben.

Möglicherweise haben Sie auf einer tieferen Motivationsebene neue Wege für eine Umsetzung erkannt. In diesem Fall passen Sie bitte Ihre Vision und die gegebenen Antworten in der Übung 5.4 entsprechend an.

Meine beruflichen Ziele

Sie erinnern sich vermutlich noch an die am Anfang dieses Kapitels beschriebene aufeinander aufbauende Kette: Ohne meine Werte zu kennen, kann ich keine Vision entwickeln. Ohne eine Vision sollte ich keine Ziele definieren. Ohne Ziele kenne ich die Richtung nicht, in die ich mich bewegen will. Und ohne Richtung gelange ich zu keinem Ergebnis. Bis jetzt kennen Sie Ihre Werte und Ihre Vision. Als Nächstes sind somit Ihre Ziele an der Reihe. Die Frage dazu lautet: Was wollen Sie im Einzelnen erreichen, um Ihre Vision Realität werden zu lassen? Hierbei gibt es eine Reihe von Faktoren, die Sie grundsätzlich bei der Formulierung von Zielen beachten sollten. Um es für Sie einfacher zu machen, habe ich Ihnen im Folgenden die wichtigsten Kriterien zusammengestellt. Sie sollten Ihre Ziele...

- mit »Ich« beginnen und ein aktives Verb folgen lassen, wie z. B. »ich besitze...«,
- positiv formulieren, indem Sie nur sagen, was Sie wollen, und nicht, was Sie nicht wollen,
- im Präsens als bereits erreichten Zielzustand beschreiben,
- einfach, klar, eindeutig und spezifisch benennen, d. h. genau auf den Punkt bringen,
- als herausfordernd, aber realistischerweise noch als erreichbar empfinden,
- attraktiv und als von großer Bedeutung für Sie finden,
- selbst vollkommen akzeptieren und für richtig und gut halten, damit sie im Einklang mit Ihren Werten stehen,
- auf legale Art und Weise umsetzen können,
- mit eindeutigen Terminen für ihre Erreichung versehen,
- messbar und damit für Sie kontrollierbar machen,
- unbedingt schriftlich protokollieren.

SCHRITT 5: WIE SIEHT MEINE ZUKUNFTSVISION AUS?

Das ist eine ganze Menge, aber nur halb so schwer, wie es auf den ersten Blick erscheinen mag. Wenn Sie mit der Formulierung beginnen, dann lesen Sie vorher noch einmal diese Liste durch. Anschließend schreiben Sie einfach in einem Satz Ihr erstes Ziel nieder. Dann gehen Sie noch einmal Punkt für Punkt der Liste durch und haken ab, was Sie bereits berücksichtigt haben, oder formulieren es entsprechend um, falls ein Kriterium noch nicht erfüllt ist.

Zum Kriterium »realistischerweise erreichbar« sei noch angemerkt, dass Sie sich nicht vorschnell einschränken sollen, aber dennoch Realist bleiben. Wenn Sie beispielsweise 45 Jahre alt sind und nur wenig medizinische Vorkenntnisse besitzen, jedoch Ihre Leidenschaft im medizinischen Umfeld liegt, dann ist das Ziel »Ich bin ein ausübender Heilpraktiker« realistischerweise erreichbar, wohingegen das Ziel »Ich bin ein praktizierender Herzchirurg« eher langwieriger zu realisieren wäre.

Damit wir uns richtig verstehen: Meine Erfahrung ist, dass sich Menschen viel zu schnell selbst Grenzen setzen oder setzen lassen und damit von vornherein hinter Ihren Möglichkeiten zurückbleiben. Sie haben in den vorangegangenen Übungen wertungsfrei das definiert, was Sie aus dem Innersten Ihres Herzens wollen. Die Aufgabe der realistischen Zielsetzung ist nun die, zu prüfen, was Ihre Ziele bedingen, und deren Umsetzungswahrscheinlichkeit einzuschätzen. Das heißt in keinem Fall, Ihre Vision aufzugeben, weil Sie z. B. kein Herzchirurg mehr werden können, sondern sich auf Ihre Grundmotive zu besinnen, bei denen Sie sich gefragt haben, warum Sie das eigentlich wollen. War dies z. B. der Wunsch »Menschen zu helfen, dass sie wieder gesund werden«, dann werden Sie feststellen, dass es eine Vielzahl von Optionen gibt, wo diese Grundmotive manifest würden.

Wenn Sie Ihre erarbeitete berufliche Vision betrachten, dann sehen Sie dort einen Zielzustand, den Sie, wenn alles nach Ihren Wünschen läuft, in ca. fünf Jahren erreichen wollen. Wenn Sie nun mit der Zieldefinition beginnen, sollten Sie zwischen Endzielen, die den Zielzustand genauer beschreiben, und Etappenzielen, die auf dem Weg dorthin liegen, unterscheiden.

Wenn Ihr Endziel beispielsweise lautet, dass Sie in fünf Jahren eine erfolgreiche Praxis für Naturheilkunde leiten möchten, dann wäre vielleicht der Abschluss der Heilpraktikerausbildung in zwei Jahren dafür ein wichtiges Etappenziel.

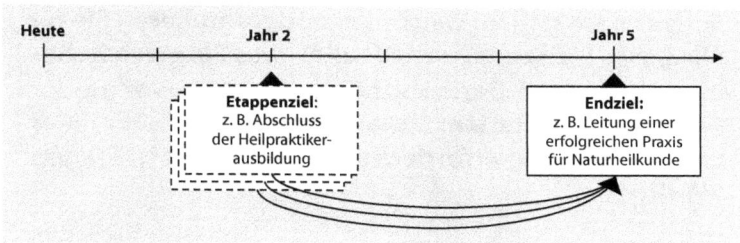

Ausgehend von Ihrem Endziel, zerlegen Sie also den Weg dorthin durch einige Etappenziele in mehrere kurze Strecken. Sie werden sehen, dass die Verwirklichung Ihrer Vision Ihnen dadurch viel einfacher und realistischer erscheint.

Es empfiehlt sich somit, zuerst mit den Endzielen (erreicht in ca. fünf Jahren) zu beginnen und anschließend nach den Etappenzielen zu fragen, die vorher in den nächsten ca. 1-4 Jahren erreicht sein müssen. Dies ermöglicht Ihnen gleichzeitig eine Realitätsüberprüfung Ihrer Endziele, da Ihnen klar geworden ist, was Sie dafür in den nächsten Jahren Schritt für Schritt erreichen müssen.

5.6 Welche Ziele muss ich erreichen, damit meine Vision wahr wird?

Bitte versetzen Sie sich nun fünf Jahre weiter in die Zukunft und stellen Sie sich wieder Ihre Vision eines erfüllten, zufriedenstellenden Berufslebens vor. Schauen Sie sich im Geiste um und formulieren Sie für alles, was Sie sehen, und für alles, was Sie erreicht haben, ein Endziel. Berücksichtigen Sie die zuvor genannten Zielkriterien. Danach definieren Sie für jedes Endziel die dafür erforderlichen Etappenziele. Fragen Sie sich:

Wenn alles nach meinen Wünschen läuft, was werde ich in fünf Jahren erreicht haben? Denken Sie an Ihre berufliche Tätigkeit, die Position, Ihr Arbeitsumfeld, die Arbeitszeiten, den Arbeitsort, das Unternehmen, Ihre Kunden, Partner, Kollegen, Ihren Status, Ihr Ansehen, Ihren Auftritt, Ihr Gehalt usw.

Endziel 1:

Etappenziel 1.1:

Etappenziel 1.2:

Etappenziel 1.3:

Endziel 2:

Etappenziel 2.1:

Etappenziel 2.2:

Etappenziel 2.3:

Endziel 3:

Etappenziel 3.1:

Etappenziel 3.2:

Etappenziel 3.3:

Bitte nutzen Sie Ihr Notizbuch oder den Anhang, um weitere Ziele aufzuschreiben.

Haben Sie Ihre Ziele formuliert? Sehr gut, dann sind Sie jetzt einen bedeutenden Schritt weiter. Bevor wir allerdings mit dem nächsten Teil fortfahren, sollten Sie die definierten Ziele abschließend noch einmal hinsichtlich einiger wichtiger Faktoren überprüfen und hinterfragen. Bitte nehmen Sie sich zuerst alle Ihre Endziele vor und beantworten Sie für sich je Ziel die u. s. Fragen. Dadurch stellen Sie sicher, dass Sie wirklich die für Sie richtigen Ziele gefunden haben.

1. Ist es wirklich mein eigenes Ziel, das ich aus voller Überzeugung selbst zu erreichen wünsche? Oder wird es mir von jemand anderes vorgegeben (z. B. Familie, Chef etc.)?
2. Warum ist die Erreichung des Ziels für mich wichtig? Was erhoffe ich mir davon?
3. Was genau wird sich für mich zum Positiven verändern, wenn ich es erreiche?

Wenn Sie für jedes Ihrer Ziele diese Fragen klar und eindeutig von innen heraus beantworten konnten, dann handelt es sich auch tatsächlich um Ihre eigenen Ziele, die niemand als Sie selbst sich gesetzt haben. Die Prüfung ist deshalb so wichtig, weil Menschen häufig dazu neigen, sich unbewusst externen Zwängen unterzuordnen oder sich zumindest Grenzen setzen zu lassen. Sollten Sie bei der einen oder anderen Frage ins Grübeln gekommen sein, so überarbeiten Sie das Ziel noch einmal – oder streichen Sie es.

Welche Konsequenzen eine Zielerreichung für Sie selbst hat, haben Sie ja für sich bereits beantwortet. Vermutlich resultieren daraus aber auch Konsequenzen für Ihr Umfeld (z. B. Ihre Familie). Fragen Sie sich jetzt einmal, was Ihr Umfeld wohl über Ihre Ziele denkt. Werden Sie hier eher auf Zustimmung oder auf Ablehnung stoßen? Gibt es da ggf. jemanden, der Ihnen – aus Ihrer Sicht – das Erreichen Ihrer Ziele erschwert oder Einfluss auf die benötigte Zeit der Zielerreichung hat? Sollten Sie dies mit »Ja« beantworten, wäre je nach persönlicher Beziehung zu der Person nun wieder ein Zeitpunkt gekommen, an dem Sie den aktiven Dialog mit Ihrem Umfeld suchen sollten. Stellen Sie den Personen, die von Ihrem Tun beeinflusst werden, Ihre Ziele vor. Erklären Sie ihnen den Hintergrund und lassen Sie sie auch Ihre

Leidenschaft für Ihre Ziele spüren. Sie werden sehen, dass sich bereits viele Ihrer Befürchtungen in Nichts auflösen. Möglicherweise erhalten Sie auch anregendes Feedback und gute Ideen, die Sie persönlich weiterbringen oder Ihnen die Umsetzung erleichtern. Also scheuen Sie das Gespräch nicht, sondern stehen Sie offen und überzeugt zu Ihren Zielen.

Die letzte Übung des Kapitels soll dazu diese Ziele noch einmal nachhaltig in Ihrem Unterbewusstsein verankern und Ihnen das erforderliche Vertrauen geben, das Sie für deren Realisierung benötigen. Durch eine Verankerung Ihrer Ziele im Unterbewusstsein verändern Sie Ihre Gedanken. Alle Ihre Gedanken orientieren sich dadurch an Ihren Zielen. Ihre Gedanken wiederum bestimmen Ihr Handeln und dadurch auch das, was Sie erreichen werden.

Dazu habe ich folgende, aus der NLP stammende Methode ausgewählt, die auf sogenannten Submodalitäten basiert. Hierbei geht es darum, sich die Zielerreichung im Geist mit allen fünf Sinnen intensiv vorzustellen. Richard Bandler, der Mitbegründer der NLP, schreibt dazu »Ich formuliere ein Ziel – Ich speichere das Ziel durch Vorstellung: Sehen, Hören, Fühlen, Riechen und Schmecken programmieren mein Unterbewusstsein, steuern mein Handeln und erzeugen Resultate.«[3] Sein Beispiel eines Golfspielers, der einen Sieg erringen will, veranschaulicht diese Übung. Seine Vorstellung könnte beispielsweise wie folgt sein:

»Ich sehe nicht nur, wie der Ball im Loch versinkt, ich höre auch das Plopp des Hineinfallens und spüre das angenehme Kribbeln des Gelingens auf meiner Haut, rieche das frische Gras des Grüns und schmecke auf der Zunge schon den prickelnden Champagner bei der Siegerehrung.«

---

[3] BANDLER, Richard: *Leitfaden zu persönlicher Veränderung.* 1. Aufl. Welver : Bookmark NLP Uwe Böhm, 2009, S. 50 ff.

Es geht also darum, den eigenen Zielzustand intensiv zu erleben und zu fühlen. Dafür sollten – wie in dem Beispiel – alle fünf Sinne[4] angesprochen werden:

1. Was sehen Sie: welche Bilder, wie viele Bilder; bewegt oder stillstehend; was ist groß, was ist klein; welche Formen; welche Farben; fokussiert oder unscharf; hell oder dunkel; nah oder fern...?
2. Was hören Sie: welche Lautstärke; welche Tonhöhe; welche Klangfarbe; welches Tempo und welchen Rhythmus; Harmonie oder Disharmonie...?
3. Was fühlen Sie: welche Position im Körper; welche Tastempfindungen; welche Temperatur; welches Gewicht; mit welcher Intensität; welche Bewegung, welche Richtung...?
4./5. Was schmecken oder riechen Sie: Wie süß ist es, wie sauer, wie bitter? Welches Aroma hat es, welchen Duft, welche Schärfe, welche Geruchsstärke...?

5.7 Wie stelle ich mir meine Zukunft vor?

Nehmen Sie sich bitte für die folgende Übung ausreichend Zeit und suchen Sie einen ruhigen Ort auf, sodass Sie nicht unterbrochen werden. Bitte schließen Sie nun die Augen und gehen Sie noch einmal fünf Jahre weiter in die Zukunft, in den Zielzustand, in dem Ihre Vision bereits Realität ist.

---

[4] Vgl. BANDLER, Richard: *Leitfaden zu persönlicher Veränderung*. 1. Aufl. Welver : Bookmark NLP Uwe Böhm, 2009, S. 50 ff.

Schauen Sie sich nun Ihre Zukunft nacheinander aus den folgenden vier Perspektiven an. Erst wenn Sie die jeweils dabei angesprochenen Sinneskanäle in Gedanken erlebbar gemacht haben, wechseln Sie in die nächste Perspektive.

1. Nehmen Sie die Innensicht ein: Vergegenwärtigen Sie sich Ihr Ziel in der Vorstellung so, dass Sie es durch Ihre eigenen Augen sehen. Fragen Sie sich: Was sehe ich, was höre ich?

2. Nehmen Sie nun die Außenansicht ein: Sehen Sie sich selbst wie einen Zuschauer von außen, schauen Sie sich selber zu, wie Sie ans Ziel gelangen. Fragen Sie sich: Was sehe ich, was höre ich?

3. Konzentrieren Sie sich nun auf Ihre körperlichen Empfindungen: Spüren Sie, wie Sie die erwünschte Situation erleben – mit all Ihren Sinnen. Fragen Sie sich: Wie fühlt es sich an? Was spüre ich dabei? Wie riecht es? Wie schmeckt es?

4. Führen Sie nun ein positives Selbstgespräch: Beschreiben Sie in Gedanken den ersehnten Zustand, als wäre er schon eingetreten: Beschreiben Sie, was Sie sehen, hören, fühlen, schmecken, riechen.

Die letzte Aufgabe war sicherlich anstrengend. Aber sehr wirkungsvoll, wenn Sie sie konzentriert ausgeführt haben. Gratulation!

Anfangs fällt es einem ggf. nicht leicht, sich eine Situation aus den vier Perspektiven detailliert vorzustellen. Von Mal zu Mal wird es Ihnen immer leichter fallen.

Und damit bin ich bereits beim nächsten Punkt: Es ist wichtig, dass Sie diese Übung immer und immer wieder machen. Ihr Unterbewusstsein braucht eine Weile, bis es Ihre neue Vision verankert hat. Nehmen Sie sich also mehrmals in der Woche, z. B. jeden Morgen oder abends vor dem Schlafengehen fünf Minuten Zeit für sich, und stellen Sie sich in Gedanken Ihren Zielzustand so wie in der letzten Übung vor. Halten Sie durch! Es lohnt sich. Denn Ihre Gedanken bestimmen, was Sie erreichen können und was nicht. Oder wie Brian Tracy es auf den Punkt bringt:

> »*You become what you think about most of the time.*«

Zeit für eine kreative Pause!

Schritt 5: Wie sieht meine Zukunftsvision aus?

Nach so vielen Übungen wird es Zeit für eine kreative Pause. Gerade die letzte Aufgabe forderte viel Konzentration, besonders bei der erstmaligen Durchführung. Deshalb sollten Sie sich nun gedanklich etwas Ruhe gönnen, um das bereits Erreichte zu verarbeiten und zu verinnerlichen. Und das geht hervorragend, indem man sich künstlerisch betätigt.

Zeichnen Sie doch einmal Ihre persönliche »Zukunftslandkarte«:

1. Nehmen Sie sich ein leeres Blatt Papier und ein paar farbige Stifte zur Hand.
2. Stellen Sie sich Ihre berufliche Vision noch einmal vor.
3. Beginnen Sie damit, alles, was Sie sich wünschen, aufzumalen.
4. Beachten Sie hierbei, dass es vollkommen unwichtig ist, wie Sie malen. Experimentieren Sie einfach mit verschiedenen Farben, Mustern, Flächen und Strichen, um Ihrer Vision Ausdruck zu verleihen. Lassen Sie Ihrer Kreativität freien Lauf.
5. Auch wenn Sie der Ansicht sind, dass Sie nicht malen können: machen Sie es trotzdem! Es geht hierbei nicht um einen Wettbewerb, sondern darum, dass das Bild Ihre Wunschzukunft für Sie greifbarer und klarer werden lässt. Sie müssen es niemanden zeigen. Es ist Ihr Bild. Sie allein entscheiden, was und wie Sie malen.
6. Wenn Sie fertig sind, dann falten Sie dieses Bild und kleben Sie es in dieses Buch (siehe rechte Seite). Damit haben Sie es immer zur Hand.
7. Schauen Sie sich das Bild immer wieder an, z. B. jeden Morgen oder Abend, bevor Sie sich Ihre Zukunftsvision wie in Übung 5.7 vorstellen.
8. Scheuen Sie sich nicht, das Bild zu ergänzen oder zu verändern. So wird Ihre »Zukunftslandkarte« immer klarer, präziser und bleibt aktuell.

Ihre Zukunftslandkarte

Schritt 6: Was will ich der Welt bieten?

> »Die Schwierigkeit liegt nicht darin, neue Ideen zu finden, sondern darin, von Altem Abschied zu nehmen.«
>
> *John Maynard Keynes, britischer Ökonom*

Wie auch immer Ihre berufliche Vision und Ihre Ziele nun aussehen: Für den nächsten Schritt Ihrer Neuorientierung ist es gleichgültig, ob Sie sich ein Berufsleben als Angestellter oder als Unternehmer wünschen, in der Wirtschaft arbeiten oder Künstler werden möchten, selbst Menschen führen oder lieber geführt werden wollen. Denn in jeder beruflichen Rolle sind Sie letztendlich für sich selbst verantwortlich und damit für die Produkte, Leistungen und Ergebnisse, die Sie tagtäglich abliefern und natürlich auch »verkaufen« müssen, um erfolgreich zu sein – ob Ihrem Chef oder Ihren Kunden gegenüber.

Im Prinzip ist damit jeder von uns selbstständig, da er immer eigenverantwortlich tätig ist, insbesondere dann, wenn wir die Selbstverwirklichung als unser Lebensprinzip anerkennen.

Erfolgsentscheidend für Ihre Neuorientierung ist deshalb, dass Sie für sich selbst ganz klar definieren, wie Ihr persönliches »Angebot« aussehen soll, das Sie Ihrem zukünftigen Chef, Ihrer Wunschfirma oder Ihren potenziellen Kunden machen möchten. Wie ein Unternehmen müssen Sie hierbei ebenfalls leistungsbereit, leistungsfähig und flexibel sein. Ihre persönliche Leistung wird zur Voraussetzung für Ihren beruflichen Erfolg, und Ihre Selbstoptimierung wird zur kontinuierlichen Aufgabe.

Also egal, ob Angestellter oder Unternehmer, die Fragen, die sich Ihnen stellen, lauten:

- Wenn ich an meine berufliche Vision und meine Ziele denke, wie sähe mein persönliches Angebot dann genau aus?

- Was will ich für wen leisten oder wem anbieten?
- Was mache ich anders, damit ich mich von anderen (Wett-)Bewerbern unterscheide?
- Was macht mich oder meine Leistung einzigartig, besser, innovativ...?

Genau darauf wollen wir in diesem Kapitel eine Antwort finden und damit Ihre berufliche Vision konkreter und erfolgreicher machen.

Mein persönliches Angebot

Das eigene Angebot genau zu definieren ist nicht einfach. Vor allen Dingen dann, wenn bei der Visionsentwicklung herausgekommen ist, dass Ihre Neuorientierung Sie in einen ganz neuen Bereich führt, in dem Sie nach heutigem Stand nur wenig oder gar keine berufliche Praxis haben. Deshalb steht an erster Stelle das Einholen von möglichst vielfältigen Informationen über Ihr zukünftiges berufliches Umfeld.

Starten Sie deshalb mit einer Fokussierung auf die Traumbranche aus Ihrer Vision. Recherchieren Sie alles dazu und informieren Sie sich umfassend über alle Marktteilnehmer. Sammeln Sie so viele Informationen und alles über existierende Trends, wie Sie finden können. Werden und bleiben Sie Experte für das von Ihnen ausgewählte Thema. Schauen Sie auch über den Tellerrand. Was machen verwandte Branchen?

Seien Sie vor allen Dingen offen für Hinweise von Ihrer zukünftigen »Zielgruppe«, ob von potenziellen Arbeitgebern oder Kunden. Was interessiert diese, welche Wünsche hat sie, welche nicht? Welche Erwartungshaltung besteht? Für welche Leistung ist sie bereit, Gehalt zu zahlen oder Geld zu investieren?

Versuchen Sie zudem, permanent Ihr Netzwerk zu erweitern. Sprechen Sie mit Menschen, die als Vorreiter in Ihrer Branche

gelten. Vielleicht ergibt sich daraus eine interessante Kooperation. In jedem Fall werden Sie viel erfahren und dazulernen.
Und: Brechen Sie bewusst auch mal die Regeln Ihrer Branche. Sie müssen aus der Menge herausstechen, um erfolgreich zu sein. Sie sollten sich und Ihr Angebot spannend und interessant machen. Sie müssen innovativ sein, um nicht austauschbar zu sein. Innovationen entstehen häufig dadurch, dass Bestehendes einfach anders oder genau entgegen allen Erwartungen und bisherigen Gepflogenheiten gemacht wird. Wenn beispielsweise in Ihrem Traumunternehmen nur Onlinebewerbungen erwünscht sind, dann senden Sie Ihre Bewerbung in Form eines persönlichen Briefs an die private Adresse des Geschäftsführers. Wenn alle Ihre Wettbewerber in Ihrer Branche Wochenend-Specials anbieten, dann bieten Sie Ihren Kunden Werktags-Specials.
Entwickeln Sie möglichst viele Ideen. Seien Sie dabei aber erst einmal vollkommen unvoreingenommen. Gehen Sie davon aus, dass alles möglich ist. Denken Sie über jede Idee, die Ihnen einfällt, ernsthaft nach, ob und wie sie sich umsetzen ließe. Sortieren Sie erst später aus. Berücksichtigen Sie ganz neue Ideen genauso wie Möglichkeiten zur Differenzierung und Spezialisierung in Ihrer Branche. Suchen Sie nach Nischen für bestimmte Zielgruppen oder bestimmte Angebote. Was oder welche Kompetenz fehlt Ihren potenziellen Arbeit- bzw. Auftraggebern zur Zeit am meisten? Was wünschen sich Ihre potenziellen Kunden ganz besonders?
Für die Sammlung Ihrer Einfälle empfehle ich Ihnen, ein Ideenbuch bzw. eine Ideenliste zu führen, in der Sie alles, was Ihnen einfällt, schriftlich notieren. Tragen Sie es immer mit sich herum, um alle Inspirationen jederzeit erfassen zu können. Auch Smartphones können Sie hierin sehr gut unterstützen.
Manchmal entsteht erst aus einer Reihe von Einfällen die tatsächliche Durchbruchsidee. Darum lesen Sie alle Ihre Ideen von Zeit zu Zeit wieder durch. Setzen Sie sich in dieser kreativen Phase

nicht unter Zeitdruck, da dies Ihre Kreativität einschränken würde. Haben Sie Geduld.

Als Angestellter oder Unternehmer kann Ihr erfolgversprechendes Angebot somit darin bestehen, etwas ganz Neues anzubieten oder einfach bewährte Ideen zu erweitern, zu verbessern, auf neue Märkte zu übertragen oder sich in Ihrer Branche zu differenzieren oder zu spezialisieren.

Und für alle, die sich selbstständig machen möchten, bieten sich darüber hinaus noch zahlreiche weitere Chancen: Unternehmensnachfolge, Kauf einer Geschäftsidee oder Kopieren einer erfolgreichen Idee.

Das Gute ist: Informationsquellen, die Ihnen helfen, die nötigen Informationen zu sammeln, sind Ihnen alle zugänglich. Nutzen Sie Magazine und Fachzeitschriften, Internet, TV und Radio, führende oder spezialisierte Branchenunternehmen, Unternehmensberatungen, Marktforschungsinstitute, Online-Informationsdienste und -Portale, Fachbücher, Studien, Trends, eigene Befragungen und Beobachtungen, Veranstaltungen und Kongresse, Messen, Franchiseportale, das Deutsche Patent- und Markenamt und viele mehr.

Haben Sie sich einen Überblick über Ihr zukünftiges berufliches Umfeld verschafft? Sehr gut! Dann beginnen Sie jetzt mit einem klassischen Brainstorming. Allerdings empfiehlt es sich, dies nicht vollkommen frei, sondern fokussiert durchzuführen. Dadurch werden Ihre Ergebnisse nachweislich besser und realistischer. In der nächsten Übung finden Sie dazu eine Reihe von bewährten Fragestellungen[5], die ich über viele Jahre hinweg gesammelt, weiterentwickelt und erfolgreich in Workshops angewandt habe.

---

[5] Auszugsweise in Anlehnung an: COYNE, Kevin; GORMAN CLIFFORD, Patricia; DYE, Renée: *Breakthrough Thinking from Inside the Box*. Reprint R0712E : Harvard Business Review Dec 01, 2007, S. 32.

6.1 Ideen für mein persönliches Angebot

Nachfolgend finden Sie eine Vielzahl von Fragen, mit denen Sie neue Ideen für Ihre berufliche Zukunft entwickeln können. Alle Fragen habe ich bereits entsprechend gekennzeichnet, damit Sie schnell erkennen können, ob sie sich eher für zukünftige Angestellte (A), Unternehmer (U) oder für beide eignen. So können Sie je nach Ihrer Situation die für Sie besonders geeigneten Fragen auswählen. Bitte gehen Sie diese nun durch und entwickeln Sie Ideen, die Ihr persönliches Angebot präzisieren. Sammeln Sie erst einmal alles, was Ihnen einfällt. Überlegen Sie sich auch, ob Sie Ideen miteinander kombinieren können und wessen Probleme Sie mit einer Kombination lösen könnten.

Hinweis: Der Begriff »Kunde« umfasst im Folgenden der Einfachheit halber alle Personen, für die Sie Leistungen erbringen, und damit z. B. auch Ihren Arbeitgeber.

Fragestellungen	A	U
Welche Trends haben einen besonders starken Einfluss auf Ihre Traumbranche, deren Produkte, Dienstleistungen oder Kunden?	x	x
Wo, wie oder von wem erfahren Sie stets alle wichtigen Trends und Fortschritte in Ihrer Branche?	x	x
In welchem Bereich können Sie sich als Vorreiter oder Experte in Ihrer Branche spezialisieren und positionieren?	x	x

Fragestellungen	A	U
Welche neuen Probleme und Bedürfnisse für Kunden oder Arbeitgeber entstehen aus der sich durch Trends und technologischem Fortschritt verändernden Umwelt?	x	x
Welche Bedürfnisse werden zukünftig für Ihre Kunden oder Arbeitgeber immer wichtiger sein, und welche werden vermutlich weniger, schlechter oder anders erfüllt als heute?	x	x
Wie könnte man bestehende Produkte oder Dienstleistungen anders, günstiger oder einfacher machen, um die Kundenbedürfnisse besser zu erfüllen und um herrschenden Trends besser gerecht zu werden?		x
Welche bedeutungsvollen Ereignisse sind kürzlich eingetreten oder werden demnächst eintreten, die Ihre Zielmärkte oder Ihre Branche temporär oder dauerhaft beeinflussen werden (Trends, Gesetze, Standards etc.)?	x	x
Welche neuen Produkte oder Dienstleistungen könnten aufgrund zukünftiger Technologien nachgefragt werden?		x
Wie könnte man bestehende Produkte oder Dienstleistungen durch den Einsatz neuer Technologien besser, günstiger oder einfacher machen?		x

Fragestellungen	A	U
Welche Technologien bestehender Produkte oder Dienstleistungen haben sich am meisten verändert, seitdem sie das letzte Mal überarbeitet wurden?		x
Welche Technologien bestehender Prozesse und Produktionsverfahren haben sich am meisten verändert, seit sie das letzte Mal überarbeitet wurden?		x
Welche wichtigen, aber unerfüllten Bedürfnisse existieren? Wo bestehen Probleme, die Kunden/Arbeitgeber heute nur wenig zufriedenstellend lösen können?	x	x
Wo besteht in Ihrer Branche eine Marktlücke oder in Ihrem Wunschunternehmen eine Kompetenzlücke?	x	x
Welche besonderen Fortschritte (z. B. effiziente, effektive Verfahren, spezielle Kompetenz) haben Sie, Ihr Unternehmen oder Ihre Branche erzielt, die auch in anderen Branchen oder Zielmärkten relevant sein könnten?	x	x
Gibt es andere Kundensegmente (Altersgruppen, Berufsgruppen usw.) oder Arbeitgeber, die Sie zusätzlich angehen könnten?	x	x
Gibt es andere Vertriebskanäle (Internet, Direktverkauf usw.) für das Produkt als die bisher genutzten, die erfolgversprechend sind?		x

Fragestellungen	A	U
Gibt es andere Vorstellungs- oder Bewerbungsmöglichkeiten, durch die potenzielle Arbeitgeber von Ihren Talenten und Fähigkeiten erfahren?	x	
Welche Barrieren hat das Produkt oder die Dienstleistung, die den Konsum für bestimmte Zielgruppen einschränken (z. B. Preis, Lage, Schnittstellen)?		x
Wie können solche Lösungen für diese Zielgruppen erreichbar gemacht und Konsumbarrieren durchbrochen werden?		x
Welche Barrieren haben möglicherweise potenzielle Arbeitgeber, die Ihre Leistung in Anspruch nehmen wollen? Wie können diese Barrieren abgebaut werden, bzw. bei welchen Arbeitgebern bestehen diese Barrieren nicht?	x	
Haben einige Kunden/Zielgruppen mehr Probleme bei der Nutzung Ihrer Produkte bzw. Dienstleistungen als andere und wenn ja, warum (z. B. Geschwindigkeit der Durchführung, Verlässlichkeit oder Qualität des Ergebnisses)?		x
Welche Probleme oder Unannehmlichkeiten haben manche Kunden, weil sie sich auf mehrere Lösungen verlassen müssen, um eine Aufgabe erledigen zu können? Wie könnte eine Lösung aus einer Hand aussehen?	x	x

Fragestellungen	A	U
In welchem Umfeld haben die Kunden heute die größten Probleme mit Ihrem Angebot?		x
Wo oder wann könnten Kunden Ihr Produkt oder Ihre Leistung noch nutzen wollen? Wer könnte Ihre Leistung noch brauchen – und wo könnte das sein?	x	x
Ist es möglich, dass der Kunde oder Arbeitgeber nicht alle Teile des Produkts oder Ihrer Leistung benötigt oder nutzen muss, sodass bestimmte Teile davon woanders hergestellt bzw. verrichtet werden könnten (Outsourcing, Automatisierung, Spezialisierung etc.)?	x	x
Ist es möglich, auf bestimmte Teile des Produkts oder Ihrer Leistung (Inputs oder Ergebnisse) zu verzichten (z. B. auf unwichtige Funktionen)? Kann man das Produkt / die Leistung einfacher machen?		x
Kann die Produktnutzung oder Ihre Leistung in einer effektiveren oder effizienteren Reihenfolge durchgeführt werden?	x	x
Was macht die Nutzung oder Inanspruchnahme des Produkts oder Ihrer Leistung umständlich, zeitraubend und unbequem?		x
Was verursacht Fehler oder eine geringe Verlässlichkeit der Nutzung oder Inanspruchnahme des Produkts oder Ihrer Leistung? Kann das vermieden werden?	x	x

Fragestellungen	A	U
Lässt sich die Nutzung oder Inanspruchnahme Ihres Produkts oder Ihrer Leistung in einem bestimmten Umfeld (Zeit, Ort etc.) besser realisieren als in anderen?	x	x
Für welche besonderen Nutzungsanlässe ist das Produkt oder die Leistung am wenigsten geeignet?	x	x
Welche Kunden geben mindestens 50 % des Produktpreises zusätzlich aus, um das Produkt an ihre Bedürfnisse anzupassen?		x
Welche Kunden nutzen oder konsumieren Ihre Produkte oder Dienstleistungen auf die ungewöhnlichste Art und Weise? Wie? Warum?		x
Welche Kunden oder Arbeitgeber nutzen Ihre Produkte oder benötigen Ihre Leistung in besonders großem Maß? Wofür? Warum?	x	x
Wie würde sich Ihr Produkt oder Ihre Dienstleistung verändern, wenn es auf jeden Kunden individuell zugeschnitten würde? Was wäre variabel/fix? Warum?		x
Welche Kunden verlangen deutlich mehr oder weniger Aufmerksamkeit als der Durchschnitt? Warum?		x
Welche Kunden haben die höchsten, welche die geringsten Supportkosten (Bestellung, Installation, individuelles Design etc.)? Warum?		x

Fragestellungen	A	U
Was macht am meisten Schwierigkeiten oder Mühe, wenn man Ihr Produkt oder Ihre Leistung kaufen oder nutzen möchte?	x	x
Was sind Beispiele für Ad-hoc-Veränderungen, die manche Kunden an Ihren Produkten oder Ihrer Dienstleistung vornehmen?		x
Auf welche Kundengruppe ist Ihr Produkt oder Ihre Leistung am wenigsten zugeschnitten? Wofür eignen Sie sich am wenigsten? Warum?	x	x
Welche Kunden werden von Ihrer Branche oder von Ihnen nicht bedient bzw. bewusst nicht angegangen – und warum nicht?	x	x
Welche Kunden könnten Ihre »Heavy User« werden, wenn Sie eine bestimmte Barriere eliminierten, an die Sie bisher noch nicht gedacht hatten?	x	x
Welche Informationen über Ihre Kunden und deren Produktnutzung fallen als Nebenprodukte Ihres Geschäfts ab, die relevant für andere Branchen sein könnten?		x
Wer nutzt Ihre Produkte oder Dienstleistungen in einer Art und Weise oder für manche Zwecke, wie Sie es nie erwartet hätten? Wofür?		x

Fragestellungen	A	U
In welchem anderen Business, welcher anderen Branche, in welcher anderen Situation besteht oder bestand das gleiche Problem wie bei Ihnen? Wie wurde es dort gelöst?	x	x
Wen oder was gibt es (an potenziellen Kunden, Unternehmen, Arbeitgebern), bei dem oder wo Sie das tun könnten, was Sie sich wünschen?	x	
Welches Problem haben Ihre Kunden oder hat Ihr Unternehmen, das Sie lösen könnten? Was brauchen diese dringend?	x	x
Wie gut sind Sie in dem, was Sie tun? Was gelingt Ihnen am besten, und wer könnte davon profitieren?	x	
Welche Fähigkeiten und welche Kenntnisse bringen Sie beruflich am meisten voran, wenn Sie sich diese bis zur Perfektion aneignen würden?	x	
Was können nur Sie so gut wie kein anderer und wer könnte das gebrauchen?	x	
Was macht Sie anders bzw. was unterscheidet Sie von Ihren Kollegen oder Mitbewerbern, und wer hätte etwas davon?	x	x
Welche Probleme haben Sie schon einmal gelöst? Welche Probleme können Sie lösen? Und wer hat diese Probleme heute?	x	x

SCHRITT 6: WAS WILL ICH DER WELT BIETEN?

Haben Sie bei Ihren Recherchen und der Beantwortung der Fragen einige neue Ideen und Inspirationen erhalten, die Ihre Vision und Ihre Ziele weiter konkretisieren? Sehr gut! Diese werden Ihnen bei der Realisierung Ihrer Neuorientierung von großem Nutzen sein.

Darüber hinaus gibt es eine weitere, relativ einfache, aber sehr wirkungsvolle Methode, die sich insbesondere für die Weiterentwicklung Ihres persönlichen Angebots sowie der Spezialisierung Ihrer Leistung oder Ihres Produkts eignet. Die Technik heißt SCAMPER und wurde von Bob Eberle entwickelt. Sie ermöglicht ebenfalls ein fokussiertes Brainstorming durch die Förderung von Assoziationen und Querdenken. SCAMPER steht dabei für die Anfangsbuchstaben von sieben Begriffen, die wie eine Checkliste abgearbeitet werden können.[6] Sie stammen aus dem Englischen:

S für substitute,
C für combine,
A für adapt,
M für modify,
P für put to other purposes,
E für eliminate und
R für reverse.

Alle Begriffe fragen nach Möglichkeiten, wie Sie Ihr Angebot auf vorteilhafte Weise verändern könnten.

Analysieren Sie nun Ihr persönliches Angebot dahingehend, wie Sie es noch besser oder zu etwas Besonderem machen könnten, um sich von (Wett-)Bewerbern abzugrenzen.

---

[6] In Anlehnung MICHALKO, Michael: *Thinkertoys – a handbook of creative-thinking techniques*. 2. Aufl. Berkeley : Ten Speed Press, 2006, S. 72 ff.

6.2 Wie kann sich mein Angebot von anderen differenzieren?

Nachfolgend finden Sie sieben Blöcke mit generischen Fragestellungen, die Sie auf Ihr persönliches Angebot anwenden können, um es weiterzuentwickeln oder zu präzisieren. Betrachten Sie Ihr Angebot und gehen Sie Frage für Frage durch.

Substitute: Was lässt sich ersetzen?	• Welche Komponenten, Teilschritte, Materialien, Personen lassen sich ersetzen? • Können Sie sonst noch etwas ersetzen? Was noch? Wen noch? • Können die Regeln geändert werden? Durch andere Zutaten, Materialen, andere Energie? Der Ort? Die Annäherungsweise? • Was tritt an deren Stelle? Welcher andere Bestandteil?
Combine: Was lässt sich kombinieren?	• Welche Funktionen, Angebote, Dienstleistungen überschneiden sich oder lassen sich kombinieren? • Was kann miteinander kombiniert werden? Welche Vorzüge hätte das? • Können Ziele miteinander verbunden werden? • Wie steht es mit einem Sortiment, einer Fusion, einem Ensemble? • Können Sie Einheiten miteinander verbinden? • Welches Produkt könnte damit kombiniert werden? • Was könnte für eine Mehrzweckverwendung miteinander kombiniert werden?

Adapt: Was lässt sich ausweiten?	• Welche zusätzlichen Elemente können ergänzt werden? • Was kann vergrößert, verlängert, ausgedehnt werden? • Was lässt sich übertreiben? • Was kann man hinzufügen? Zeit, Kraft, Höhe usw.? • Wie steht es mit einer größeren Häufigkeit, zusätzlichen Beiträgen? • Was kann man vervielfältigen? • Wodurch lässt sich ein Wertzuwachs erreichen? • Wie können Sie es bis zum Extrem treiben?
Modify: Was lässt sich verändern?	• Lassen sich Farben, Größe, Materialien, Menüpunkte modifizieren? • Wie kann das zum Besseren verändert werden? • Was lässt sich modifizieren? Ein neuer Kniff? • Bedeutung, Farbe, Bewegung, Klang, Geruch, Form oder der Name? • Welche Veränderungen lassen sich am Design vornehmen, an der Herstellung, beim Marketing, bei anderen Aspekten? • Welche andere Form kann es annehmen, welche andere Verpackung? • Kann die Verpackung mit der Form kombiniert werden?

Put to other purposes: Wie lässt es sich für einen anderen Zweck verwenden?	• Wofür kann man Vorhandenes noch nutzen? • Kann man es, so wie es ist, auf eine andere Art und Weise verwenden? • Gibt es andere Anwendungsoptionen nach einer Modifikation? • Was lässt sich noch daraus machen? • Sehen Sie noch mehr Möglichkeiten der Erweiterung – auch auf anderen Märkte? • Gibt es Ähnliches? Auf welche anderen Ideen bringt Sie das? • Gab es in der Vergangenheit Parallelen? • Was könnten Sie kopieren? Wem könnten Sie nacheifern? • Welche Idee könnten Sie integrieren? • Welche andere Vorgehensweise könnten Sie übernehmen? • In welche unterschiedlichen Kontexte könnten Sie Ihr Konzept stellen? • Welche außerhalb Ihres Fachgebiets liegenden Ideen können Sie integrieren?
Eliminate: Was lässt sich eliminieren?	• Welche Elemente/Komponenten lassen sich entfernen, vereinfachen, reduzieren? • Was wäre, wenn es kleiner wäre, dezenter? • Was sollten Sie vermeiden oder streichen? • Was ist nicht notwendig? • Sollten Sie es aufteilen, rationalisieren, minimieren, komprimieren? • Könnten Regeln eliminiert werden?

Reverse: Was lässt sich umkehren oder umstrukturieren?	• Lassen sich Elemente auch auf entgegengesetzte Weise nutzen, oder kann man die Reihenfolge ändern? • Was ist das Gegenteil oder die Kehrseite? • Können Sie positive gegen negative Seiten austauschen – und umgekehrt? • Sollten Sie es auf den Kopf stellen? • Sollten Sie es andersherum betrachten? • Kann man die Rollen vertauschen? • Kann man etwas Unerwartetes tun? • Welche alternativen Arrangements könnten eventuell besser sein? • Könnte oder sollte man einzelne Komponenten gegeneinander austauschen? • Wäre eine andere Struktur besser, ein anderes Layout, eine andere Reihenfolge? • Lassen sich Ursache und Wirkung vertauschen? • Könnte oder sollte man die Geschwindigkeit verändern, den Zeitplan?

Nach den letzten beiden Brainstorming-Übungen haben Sie sicherlich eine Reihe von Ideen für eine erfolgreiche Differenzierung erhalten.

Falls Sie ein neues Geschäftskonzept entwickeln, bedarf es aber natürlich noch so mancher Praxis als nur der Erarbeitung der reinen Idee. Das würde allerdings den Umfang dieses Buches sprengen. Wenn Sie hierzu weitere Informationen wünschen, dann können Sie mich gerne über meine Website »www.motivaction.de« kontaktieren.

Die nun folgende Umsetzungsplanung ist jetzt nur noch Mittel zum Zweck. Und den Zweck, nämlich das »Warum«, kennen Sie jetzt. Und damit gilt, was schon Friedrich Nietzsche sagte:

*»Wer ein ausreichend starkes Warum hat,
kann fast jedes Wie ertragen!«*

Schritt 7: Wie gehe ich genau vor?

»Every exit is an entry somewhere else.«

Tom Stoppard, britischer Schreiber

Wenn Sie die vorangegangen Kapitel sorgfältig durchgearbeitet haben, dann sehen Sie jetzt ein klares Bild von Ihrer derzeitigen Situation. Sie wissen zudem, was Sie stört, warum das so ist und welche Dinge Sie ändern sollten. Darüber hinaus haben Sie erkannt, was Ihnen besonders wichtig ist, welche berufliche Richtung Sie einschlagen wollen und was Sie bis wann zu erreichen wünschen. Damit sind Sie auf dem besten Weg zum Erfolg, denn Sie haben bereits deutlich mehr erreicht als 90 % Ihrer Mitmenschen. Ben Stein sagte dazu: *»First important step to get something you want is: deciding what you want.«* Das haben Sie nun geschafft. Jetzt geht es darum, die Umsetzung zu planen und den Weg zu ebnen, der Sie Ihren Zielen näher bringt.

Lösungsansätze entwickeln und priorisieren

Die erste Frage, die wir uns nun stellen sollten, ist die nach den möglichen Lösungsansätzen, die es zur Erreichung Ihrer Vision und Ihrer Ziele gibt. Hierbei geht es erst einmal darum, alle Wege, die Ihnen einfallen, aufzulisten. An dieser Stelle zählt die pure Masse. Schreiben Sie wirklich alles auf, was Ihnen in den Sinn kommt. Es bietet sich auch an, eine Vertrauensperson hinzuzuziehen. Sie werden merken, dass sich Ihre Ziele aus mehreren Bestandteilen zusammensetzen – wie ein Baukasten. Und indem Sie Ihren Weg in mehreren Etappen zurücklegen – mit je einem kleinen Zwischenziel –, wird Ihnen Schritt für Schritt die Realisierung Ihrer Vision gelingen.

7.1 Wie und auf welchen Wegen erreiche ich meine Ziele?

Um Lösungsansätze zu generieren, nehmen Sie sich JEDES Ihrer Ziele einzeln vor und fragen sich: »Wie und auf welchen Wegen kann ich dieses Ziel erreichen?« Dieses Prinzip haben Sie bereits am Anfang des Buches in der Übung 1.7 – Definition Ihrer Herausforderung angewandt. Nun wenden Sie bitte das gleiche Prinzip – wie im folgenden Beispiel – auf Ihre Ziele und damit schließlich auf Ihre Vision an.

Beispielfrage für ein mögliches Ziel:

Wie und auf welchen Wegen kann ich in fünf Jahren als erfolgreicher Hochzeitsfotograf meinen Lebensunterhalt verdienen?

Beispiel-Lösungsansätze:

- Ich besuche Kurse und mache eine Ausbildung.
- Ich trete einem lokalen Netzwerk bei.
- Ich werde Mitglied in Fotografenverbänden und -vereinen.
- Ich nehme an Wettbewerben teil.
- Ich investiere in die beste verfügbare Fotoausrüstung.
- Ich übe jeden Tag und nehme meine Kamera überall hin.
- ...

SCHRITT 7: WIE GEHE ICH GENAU VOR?

Während der letzten Übung ist Ihnen vermutlich eine ganze Reihe von Lösungsansätzen eingefallen. Nun geht es um deren Priorisierung und Auswahl. Welche sind am besten geeignet und versprechen Ihnen, dass Sie damit am sichersten Ihr Ziel erreichen? Anhand der Kriterien »Aufwand« und »Nutzen« können Sie beurteilen, ob ein Ansatz mehr geeignet ist als ein anderer.

Denken Sie hierbei auch an das Pareto-Prinzip, was besagt, dass Sie mit nur etwa 20 % Ihrer Lösungsansätze ca. 80 % Ihrer Ziele erreichen. Oder anders gesagt: 20 % der Ursachen haben 80 % der Wirkungen zur Folge. Wichtig für Sie ist, genau die 20 % Ihrer Lösungsansätze auszuwählen, die die größte Wirkung bzw. die am meisten Einfluss auf Ihre Zielerreichung haben und mit vertretbarem Aufwand realisiert werden können.

Ob ein Lösungsansatz einen großen oder kleinen Beitrag zur Zielerreichung leistet, können Sie vermutlich recht leicht beurteilen. Welcher Aufwand allerdings hinter einer Umsetzung steht, bedarf einer etwas detaillierteren Betrachtung. Bei einer Beurteilung spielt nämlich eine Reihe subjektiver Faktoren eine Rolle, wie z. B. die Freude, die man an der Umsetzung hat, ob die Tätigkeit einem liegt oder ob man sie kompliziert findet. Als »Gewohnheitstier« favorisiert der Mensch meist ganz automatisch solche Lösungen, die er als einfach umzusetzen einschätzt, und steht Dingen, die ihm ungewiss, neu oder schwierig zu sein scheinen, eher ablehnend gegenüber. Damit Sie die Ziele, die Sie sich gesetzt haben, erreichen, bedarf es aber vermutlich einer Veränderung oder vielleicht auch eines totalen Neuanfangs. Somit werden auch Lösungsansätze notwendig sein, bei denen Sie Neuland betreten und sich aus Ihrem derzeit bekannten Umfeld herausbewegen müssen. Allerdings ist es wichtig zu wissen, dass wir Menschen uns viel zu häufig selbst Grenzen setzen. Oft existieren diese nur in unseren Gedanken oder erscheinen uns als Hindernisse, weil das Resultat – das Ziel – unserer Erfahrung nach ungewiss ist. Aber hier eine gute Nachricht: ca. 80 % aller Hindernisse, die Sie sehen mögen, können Sie direkt beeinflussen, da es sich um Dinge handelt, die Sie selbst betreffen. Ob Sie Fähigkeiten erwerben, eine Angst überwinden oder Ihre Lebensumstände verändern – alles liegt in Ihrer Hand und wird allein durch Sie kontrolliert. Und der Rest, die verbleibenden 20 %, die von äußeren Faktoren abhängen, bedürfen einer Prüfung, ob sie nicht ersetzt, reduziert, vereinfacht, umgangen, angepasst usw. werden können. Sie werden erkennen: Fast alles, was sich Ihnen auf den ersten Blick in den Weg stellen mag, ist nach genauerem Hinsehen überwindbar und lösbar. Wie Henry Ford schon sagte:

»Wenn Sie glauben, Sie können etwas oder Sie können etwas nicht, dann haben Sie wohl in beiden Fällen Recht.«

Also: Es liegt an Ihnen!

Schritt 7: Wie gehe ich genau vor?

Nachfolgend habe ich Ihnen ein paar wesentliche Fragen zusammengestellt, die Ihnen bei der Einschätzung des erforderlichen Aufwands für Ihre Lösungsansätze helfen werden. Bitte gehen Sie dazu Ihre Ideen durch und fragen sich: Wenn ich Lösungsansatz »X« umsetze,

1. ...welche Mittel (Fähigkeiten, Ressourcen, Kompetenzen, Geld etc.) benötige ich dafür?
2. ...wie und in welcher Zeit kann ich diese Mittel erwerben, was davon kann ich selber erbringen und wofür benötige ich externe Unterstützung (z. B. von einem Netzwerk)?
3. ...welche Barrieren oder Erschwernisse müssen vorher beseitigt oder umgangen werden, und wie kann das erfolgen?
4. ...wer hat bereits vor mir Ähnliches erreicht, wie wurde dabei vorgegangen und was kann ich daraus lernen?
5. ...welche Kompromisse kann ich eingehen? Was muss unbedingt erfüllt sein, worauf kann ggf. auch verzichtet werden?
6. ...wie kann ich die zwingend erforderlichen Mittel vereinfachen, reduzieren, ersetzen, verändern, anpassen, zusammenlegen, kombinieren oder durch jemand anders erbringen lassen?

Wenn Sie den Umsetzungsaufwand Ihrer Lösungsansätze anhand dieser Fragen ermittelt haben, dann werden Ihnen die nun folgende Priorisierung und Auswahl Ihrer Ansätze deutlich leichter fallen.

7.2 Welche Aktivitäten sind für mich am wertvollsten?

Nehmen Sie sich systematisch Lösungsansatz für Lösungsansatz vor und überlegen Sie sich erstens, welcher Aufwand mit einer Umsetzung verbunden wäre, und zweitens, welche Wirkung/Konsequenz die Umsetzung für die Zielerreichung hätte. Anschließend bewerten Sie die Lösungsansätze bitte entsprechend mit:

- »1« für »<u>hoher</u> Aufwand« oder »<u>geringe</u> Wirkung«,
- »2« für »mittlerer Aufwand« oder »mittlere Wirkung«,
- »3« für »<u>wenig</u> Aufwand« oder »<u>große</u> Wirkung«.

Multiplizieren Sie anschließend wie im Beispiel unten die beiden vergebenen Werte und notieren Sie das Ergebnis in der rechten Spalte. Wenn Sie dies ganz konzentriert machen, werden Sie bereits die Lösungsansätze erkennen, die Sie auswählen sollten: nämlich die, mit denen Sie mindestens das Ergebnis »4« erzielt haben. Los geht's: Welches sind also Ihre wertvollsten Aktivitäten?

Lösungsansatz	Aufwand	Wirkung	Ergebnis
Beispiel 1: Ich besuche Kurse und mache eine Ausbildung	2 (= mittlerer Aufwand)	3 (= große Wirkung)	6 (= wertvoll)
Beispiel 2: Ich investiere in die beste verfügbare Fotoausrüstung	1 (= hoher Aufwand)	2 (= mittlere Wirkung)	2 (= weniger wertvoll)

Lösungsansatz	Aufwand	Wirkung	Ergebnis

Nachdem Sie die Lösungsansätze zur Erreichung Ihrer Ziele vollständig identifiziert und hinsichtlich des Aufwands und Nutzens beurteilt haben, verfügen Sie jetzt über Ihre persönliche Aktionsliste, mit den priorisierten und wirkungsvollsten Maßnahmen, die Sie umsetzen müssen, um Ihre Vision Wirklichkeit werden zu lassen. Bevor Sie allerdings loslegen, sollten Sie einen Umsetzungsplan erstellen. Dabei sollten Sie die zeitliche und inhaltliche Abfolge der einzelnen Maßnahmen und etwaige Abhängigkeiten, die eine bestimmte Reihenfolge bedingen, berücksichtigen. Hierzu kann Ihnen wieder das Denken in Etappen helfen, das Sie bereits bei der Entwicklung der Ziele und Lösungsansätze genutzt haben. Auch sollte anhand des ermittelten Aufwands für die einzelnen Maßnahmen und der Ihnen zur Verfügung stehenden Zeit geprüft werden, wie viel Sie sich auf einmal zumuten können. Überlegen Sie sich zudem, ob Sie mehrere Dinge auf einmal anstoßen könnten oder auch welche durch andere erledigen lassen könnten.

Um sich für Ihre neuen Aufgaben genug Freiraum zu schaffen, überlegen Sie sich bitte einmal, wie Sie Ihr Leben oder Ihre derzeitige Arbeit so umorganisieren könnten, dass es mehr im Einklang mit dem steht, was Sie sich für die Zukunft wünschen. Was erfüllt Sie und wie können Sie bereits heute mehr davon in Ihrem Leben realisieren? Fragen Sie sich darüber hinaus auch, wie Sie Ihren Alltag so umstrukturieren könnten, dass Sie mehr Zeit für das Wesentliche haben werden. Welche Dinge könnten Sie streichen? Gibt es etwas, was Sie selber eigentlich gar nicht wollen? Wie könnten Sie Ihr Leben vereinfachen? Könnten Sie Tätigkeiten auf andere übertragen, auf das unbedingt Nötige reduzieren oder ganz aufgeben?

Kommen wir damit also zu der letzten Übung Ihres »Innovate-Yourself«-Projekts: Ihrem persönlichen Umsetzungsplan für Ihre Neuorientierung. Gehen Sie dazu bitte die von Ihnen priorisierten Maßnahmen durch und fragen Sie sich: Was müsste als Erstes getan werden? Von wem? Bis wann? Mit welchem Ergebnis? Was muss anschließend umgesetzt werden? Usw.

7.3 Wie gehe ich nun genau vor, um meine Vision Realität werden zu lassen?

Beginnen Sie bitte damit, dass Sie zur Orientierung jede der priorisierten Lösungsansätze mit dem jeweiligen Aufwand und Nutzen auf eine Karte schreiben. Anschließend legen Sie alle Karten auf einen großen Tisch oder auf den Fußboden und ordnen sie grob von links nach rechts in eine Reihe, beginnend mit den Lösungsansätzen, die Sie zuerst umsetzen müssen. Wenn Sie Maßnahmen als zeitlich parallel verlaufend sehen, dann legen Sie die entsprechende Karte einfach über oder unter die andere Karte (siehe Abbildung unten). Wenn Sie mit Ihrer Anordnung zufrieden sind, dann notieren Sie in der unten stehenden Aktionsliste der Reihe nach Ihre Lösungsansätze, ordnen das jeweils verfolgte Ziel als Ergebnis Ihrer Maßnahme zu und vergeben ein Start- und Enddatum (MM/JJ) für die Umsetzung.

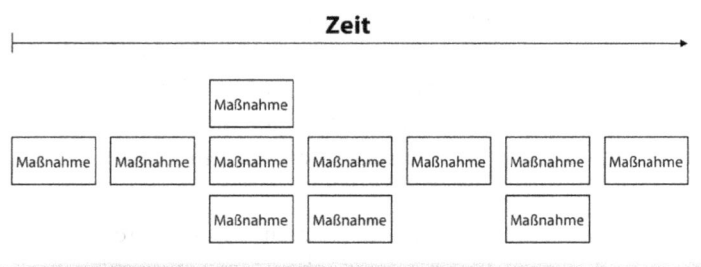

Lösungsansatz	Ziel	Start	Ende

SCHRITT 7: WIE GEHE ICH GENAU VOR?

Haben Sie Ihren persönlichen Umsetzungsplan erstellt? Perfekt. Damit steht Ihrer Neuorientierung nichts mehr im Wege. Sie wissen nun ganz genau, was Sie tun müssen, um Ihr Berufsleben neu auszurichten und dadurch mehr Zufriedenheit, Selbstbestimmung und Erfüllung zu finden. Es liegt nun ganz alleine bei Ihnen, ob Sie Ihre Vision Realität werden lassen.

Bedenken Sie: Jede Veränderung beginnt mit einer klaren und bedingungslosen Entscheidung für oder gegen etwas. Dies ist Ihr Leben. Ergreifen Sie die Chance – und machen Sie etwas daraus, das Sie erfüllt und glücklich macht! Treffen Sie jetzt Ihren Entschluss. Oder wie Peter F. Drucker es formuliert:

> »*Whenever you see a successful business, someone once made a courageous decision.*«

Sagen auch Sie jetzt: »Ja, ich will meine Vision Wirklichkeit werden lassen. Ja, ich werde meinen Aktionsplan umsetzen. Ja, ich werde heute damit beginnen.«

Warum »heute«, fragen Sie vielleicht? Kennen Sie die 72-Stunden-Regel? Wann immer Sie sich etwas vornehmen, müssen Sie den ersten Schritt in den ersten 72 Stunden tun. Andernfalls liegt die Chance, dass Sie Ihr Vorhaben überhaupt durchführen, bei weniger als 1 %. Wenn Sie sich für eine Veränderung entschieden haben, dann beginnen Sie in den nächsten drei Tagen mit dem ersten Schritt.

Überlegen Sie sich zudem, welche täglich wiederkehrenden Dinge Sie in Ihrem Alltag einführen könnten, um sich auf dem Weg zu Ihren Zielen durch solche kleinen Schritte zu unterstützen. Eine Empfehlung hierfür ist zum Beispiel das allmorgendliche »Eintauchen« in Ihre Vision. Nehmen Sie sich dazu noch einmal die Aufgabe 5.7 vor und stellen sich jeden Morgen oder Abend vor dem Einschlafen fünf Minuten Ihre Vision als bereits erreichten Zustand vor. Durchleben Sie das, was Sie sehen, immer wieder bewusst auf allen Sinnesebenen. Die Übung wird Ihnen von

Tag zu Tag leichter fallen und Sie werden Ihr Unterbewusstsein mehr und mehr auf Ihre Ziele und Ihren Wunschzustand programmieren. Als Folge werden sich alle Ihre Handlungen an Ihren Zielen orientieren und Ihnen so die Umsetzung Ihres Aktionsplans erleichtern. Beobachtungen zeigen, dass man durch diese Technik seine Ziele in der Regel deutlich schneller und mit weniger Aufwand erreichen wird, als man es geplant hatte. Auch Sie werden Chancen und Möglichkeiten eher erkennen, Prioritäten besser setzen und effektiver arbeiten. Lassen Sie sich überraschen.

Veränderungen berücksichtigen

Die Welt um uns herum ist ständig im Wandel – und somit sind wir es auch. Das heißt, es wird auf dem Weg zu Ihrer Vision natürlich auch eine Reihe von Veränderungen in Ihrem Leben geben, die vielleicht auch Ihre Ziele, Ihre Vision oder die zeitliche Planung beeinflussen. Da dies normal ist und nicht anders zu erwarten, empfiehlt es sich, in regelmäßigen Abständen Ihre Vision, Ziele und Maßnahmen zu überprüfen und ggf. anzupassen. Fragen Sie sich deshalb jedes Jahr:

- Sind die von mir definierten Ziele noch meine aktuellen Ziele?
- Muss meine Vision in meiner Vorstellung verändert werden, weil ich andere Ziele habe?
- Welche Maßnahmen zeigen bereits Erfolge, welche müssen ggf. durch andere ersetzt oder ergänzt werden?

Nehmen Sie sich darüber hinaus alle zwei bis drei Jahre – oder wann immer umfangreiche Veränderungen in Ihrem Leben stattfinden – Ihr »Innovate-Yourself«-Projekt zur Hand. Gehen Sie die Übungen immer wieder durch und nehmen Sie Anpassungen da vor, wo immer Sie zu dem Zeitpunkt anders antworten würden. Bleiben Sie aber bei allem, was Sie tun, zielfokussiert. Haben Sie den zu erreichenden Endzustand immer vor Augen. Seien

Schritt 7: Wie gehe ich genau vor?

Sie geduldig, aber hartnäckig. Geben Sie nicht auf. Seien Sie entschlossen und fangen Sie einfach an. Nur Mut, Sie können nichts falsch machen! Es kann nur besser werden. Denn schon Herodot sagte:

> *Ein Leben ohne Leidenschaft, ohne den Einsatz für etwas, das den Einsatz lohnt, ist kein Leben, und wer nichts riskiert, riskiert, sein Leben zu verpassen.*«

Denn zu den großen Geheimnissen des Glücks gehört es, von ganzem Herzen stets das zu tun, wozu man sich hingezogen fühlt. Sie haben herausgefunden, was Sie fasziniert, anzieht und was Ihnen Lebenserfüllung schenkt. Sie werden von nun an Ihre Möglichkeiten besser ausschöpfen und sich mehr und mehr zu dem Menschen entwickeln, der in Ihnen steckt. Oder anders gesagt: Sie haben es geschafft und arbeiten von nun an für sich selbst und für Ihre eigenen Ziele und nicht für die Ihres Chefs oder von sonst wem. Wenn Sie Ihrer Vision folgen, dann werden Sie ein selbstbestimmtes Leben führen.

Sie werden zum Chef Ihres Lebens!

Erfinden Sie sich neu. Jetzt!

Nun steht für Sie die Entscheidung an, ob Sie sich aufmachen wollen, die Chancen zu ergreifen, die sich Ihnen bieten. Es liegt an Ihnen – und nur an Ihnen – wie Sie Ihr Leben verbringen. Warten Sie nicht, sondern nehmen Sie sich die Worte eines der erfolgreichsten Manager aller Zeiten – Steve Jobs – als Vorbild und beginnen Sie, Ihr eigenes Leben zu leben:

»Mich selbst daran zu erinnern, dass ich bald tot sein werde, ist das wichtigste Mittel, das ich je gefunden habe, um die großen Entscheidungen meines Lebens zu treffen.

Fast alle Erwartungen, jeder Stolz oder die Furcht vor Peinlichkeiten oder einem Misserfolg verschwinden im Angesicht des Todes. Übrig bleibt nur, was wirklich wichtig ist.

Seither frage ich mich, ob ich tue, was ich tun will, falls heute mein letzter Tag ist und falls die Antwort »nein« ist, dann ändere ich den Plan.

Manchmal trifft euch das Leben hart. Verliert euren Glauben nicht. Die einzige Weise, wie ihr eine großartige Leistung vollbringen könnt, ist die, dass ihr liebt, was ihr tut.

Eure Zeit ist begrenzt. Vergeudet sie nicht damit, das Leben eines anderen zu leben. Lasst euch nicht von Dogmen einengen – dem Resultat des Denkens anderer. Lasst den Lärm der Stimmen anderer nicht eure innere Stimme ersticken.

Das Wichtigste: Folgt eurem Herzen und eurer Intuition, die wissen bereits, was ihr wirklich werden wollt. Alles andere ist zweitrangig.

Bleibt hungrig. Bleibt tollkühn.«

Wenn Sie diese Worte bejahen, dann fangen Sie jetzt an. Nutzen Sie Ihre Motivation, etwas zu verändern, und schieben Sie es nicht länger hinaus. Denn wie es ein unbekannter Autor einst formulierte, liegt das größte Risiko darin, nie eines eingegangen zu sein.

»The biggest risk in life, is not taking one.«

Ich wünsche Ihnen für Ihre neue Zukunft alles Gute, Gesundheit, stetige Motivation, Kraft und den Mut, sich Ihre Träume zu verwirklichen.

Ihr Tammo Ganders, motivaction

One more thing ...

Ihr Vorteil: Mit dem Erwerb dieses Buches erhalten Sie einmalig **10 % Rabatt** auf alle meine Beratungsprogramme. Erfahren Sie mehr dazu unter »www.motivaction.de«.

Dort finden Sie zudem weitere nützliche Informationen zur beruflichen Neuorientierung mit vielen Anregungen, Methoden und Empfehlungen zu den Themen Innovation, Selbstmanagement und Geschäftsgründung.

Bleiben Sie auf dem Laufenden und melden Sie sich einfach für den kostenlosen Newsletter an oder folgen Sie mir auf Twitter und Facebook.

Sie möchten sich selbstständig machen, suchen aber noch nach der richtigen Idee? Das *Zentrum für Innovationsforschung und Business Development (ZIBD)* entwickelt branchenübergreifend kontinuierlich neue Geschäftsideen und sucht unternehmerisch denkende Menschen. Kontaktieren Sie mich bei Interesse einfach über meine Website.

Notizen

Übung 1.1

Übung 1.1

Übung 1.2

Übung 1.2

Übung 1.3

Übung 1.3

Übung 1.4

Übung 1.4

Übung 1.5

Übung 1.5

Übung 1.6

Übung 1.6

Übung 1.7

Übung 1.7

Übung 2.1

Übung 2.1

Übung 2.2

Übung 2.2

Übung 2.3

Übung 2.3

Übung 2.4

Übung 2.4

Übung 2.5

Übung 2.5

NOTIZEN

Übung 3.1

Übung 3.1

NOTIZEN

Übung 3.2

Übung 3.2

Übung 3.3

Übung 3.3

NOTIZEN

Übung 3.4

Übung 3.4

Notizen

Übung 3.5

Übung 3.5

Übung 3.6

Übung 3.6

Übung 3.7

Übung 3.7

Übung 4.1

Übung 4.2

Übung 4.2

Übung 4.3

Übung 4.3

Übung 4.4

Übung 4.4

NOTIZEN

Übung 4.5

Übung 4.5

Übung 4.6

Übung 4.6

Übung 5.1

Übung 5.1

Übung 5.2

Übung 5.2

NOTIZEN

Übung 5.3

Übung 5.3

Übung 5.4

Übung 5.4

Übung 5.5

Übung 5.5

Übung 5.6

Übung 5.6

Übung 5.7

Übung 5.7

Übung 6.1

Übung 6.1

Übung 6.2

Übung 7.1

Übung 7.1

NOTIZEN

Übung 7.2

Übung 7.2

NOTIZEN

Übung 7.3

Übung 7.3

www.ingramcontent.com/pod-product-compliance
Lightning Source LLC
Chambersburg PA
CBHW050142170426
43197CB00011B/1936